"60岁开始读"科普教育丛书

技术创新
走进智能新时代

上海市学习型社会建设与终身教育促进委员会办公室　指导
上海科普教育促进中心　组编
朱盛镭　编著

上海科学技术出版社
复旦大学出版社
上海科学普及出版社

图书在版编目(CIP)数据

技术创新:走进智能新时代 / 朱盛镭编著;上海科普教育促进中心组编. —上海:上海科学技术出版社:复旦大学出版社:上海科学普及出版社,2018.10
("60岁开始读"科普教育丛书)
ISBN 978-7-5478-4149-5

Ⅰ.①技… Ⅱ.①朱…②上… Ⅲ.①技术革新-普及读物 Ⅳ.①F062.4-49

中国版本图书馆CIP数据核字(2018)第184313号

技术创新
走进智能新时代
朱盛镭　编著

上海世纪出版(集团)有限公司
上海科学技术出版社　出版、发行
(上海钦州南路71号　邮政编码200235　www.sstp.cn)
浙江新华印刷技术有限公司印刷
开本 889×1194　1/24　印张 4⅔
字数:65千字
2018年10月第1版　2018年10月第1次印刷
ISBN 978-7-5478-4149-5/TP·60
定价:15.00元

本书如有缺页、错装或坏损等严重质量问题,
请向工厂联系调换

内容提要

科技在飞速发展,社会在不断进步。老年人年龄虽大,也可以玩转信息科技,现代科技可为"夕阳红"锦上添花,使老年生活充满新颖的乐趣。

本书共有五章,分别从智能家电、互联网就医、移动购物、E生活和新社交平台的不同角度来指导老年读者学习、接受科技信息时代的新事物。本书适合中老年人阅读,尤其是乐于接触及学习高科技、互联网等新鲜事物的老年读者,可让读者初步了解科技创新的生活方式给老年生活带来的便利和乐趣。

编委会

"60岁开始读"科普教育丛书

顾　问
褚君浩　薛永祺　邹世昌　杨秉辉　袁　雯

编委会主任
倪闽景

编委会副主任
夏　瑛　郁增荣

编委会成员
王伯军　牛传忠　李　唯　姚　岚　蔡向东　熊仿杰　胡　俊　温　博

指　导
上海市学习型社会建设与终身教育促进委员会办公室

组　编
上海科普教育促进中心

本书编著
朱盛镭

总 序

党的十八大提出了"积极发展继续教育,完善终身教育体系,建设学习型社会"的目标要求,在国家实施科技强国战略、上海建设智慧城市和具有全球影响力科创中心的大背景下,科普教育作为终身教育体系的一个重要组成部分,已经成为上海建设学习型城市的迫切需要,也成为更多市民了解科学、掌握科学、运用科学、提升生活质量和生命质量的有效途径。

随着上海人口老龄化态势的加速,如何进一步提高老年市民的科学文化素养,让老年朋友通过学习科普知识提升生活质量,把科普教育作为提高城市文明程度、促进人的终身发展的方式,已成为广大老年教育工作者和科普教育工作者共同关注的课题。为此,上海市学习型社会建设与终身教育促进委员会办公室组织开展了老年科普教育等系列活动,而由上海科普教育促进中心组织编写的"60岁开始读"科普教育丛书正是在这样的背景下应运而生的老年科普教育读本。

"60岁开始读"科普教育丛书,是一套适合普通市民,尤其是老年朋友阅读的科普图书,着眼于提高老年朋友的科学素养与健康生活意识和水平。本套丛书已出版四辑20册,现出版的第五辑共5册,涵盖了健康有道、技术创新、生活安全、未来科技、生活妙招等方面内容,包括与老年朋友日常生活息息相关的科学常识和生活知识。

这套丛书提供的科普知识通俗易懂、可操作性强,能让老年朋友在最短的时间内学会并付诸应用,希望借此可以帮助老年朋友从容跟上时代步伐,分享现代科普成果,了解社会科技生活,促进身心健康,享受生活过程,更自主、更独立地成为信息化社会时尚能干的科技达人。

前 言

随着互联网、大数据、云计算、物联网、"互联网＋"、人工智能、5G等技术快速发展和迭代,我们逐步走进智能新时代。智能化应用遍布社会各个角落,让人们生活和工作越来越便捷和高效。

然而,仍有不少老年人没有跟上时代的步伐,并未享受到"智能"带来的便利。有的老年人不会使用智能手机的各种复杂功能;对有的老年人而言,操控复杂的智能家电仅是一种摆设;去医院看病、去银行办事,明明有不用排队的自助服务,而老年人因为不会使用而较少光顾;用手机打车越来越方便,而有的老年人不知道如何用,只能站在路边看着网约车呼啸而过……

与此同时,智能产品在不断改进和升级,已成为适应社会消费和人们生活的必需品。智能产品分为硬件和软件,硬件包括智能手机、智能家电、可穿戴设备、智能机器人等;软件包括社交软件、支付系统、预约系统等。适合老年群体需求特征的智能产品与服务的推广,可助力老年人的日常生活,弥补居家养老功能的不足,改善和保障老年人生活的质量与安全,满足老年人的物质与精神需求。总而言之,智能化应用有利于老年人融入智能社会、避免成为智能时代的"边缘人"。对于老年群体而言,智能化应用所带来的便利、安全和幸福感,远远胜于其一时使用不畅所造成的迷茫或焦虑。

面对智能化应用,老年人有一些"不适应",一方面说明老年人对高科技有畏惧心理,要努力增强学习能力和适应能力;另一方面也说明社会上各类智能应用未注意"适老化",缺乏有针对性或人性化的使用说明与指导。因此,为改善老年人的生活质量,提升他们的幸福指数,使他们能够享受技术创新和时代进步带来的"红利",需要为老年人提供有关适应智能生活技巧的读物。

  本书编撰的目的是希望能为广大老年朋友们带来丰富晚年生活的新知识,希望大家通过了解和掌握智能化应用的基础知识和基本技巧,顺利融入智能新时代。本书的编撰得到上海市科普作家协会秘书长江世亮先生的帮助和指导,在此表示衷心感谢。由于编撰时间较紧,本书难免存在不足之处,诚挚希望读者指正。

朱盛镭

2018 年 6 月

目 录

一、智能家电 ········· 001

1. 什么是智能家电 / 002
2. 智能家电"智能"在哪里 / 004
3. 智能家电与传统家电有什么区别 / 005
4. 智能家电分为哪几类 / 007
5. 智能家电有何不足之处 / 008
6. 智能家电可以为老人带来哪些帮助 / 010
7. 学习使用智能家电有什么窍门 / 012
8. 如何选择适合老年人的智能家电 / 013
9. 什么样的智能手机适合老年人 / 014
10. 选购智能家电时有哪些小窍门 / 016

二、互联网就医 ········· 019

11. 什么是"互联网+医疗健康" / 020
12. 什么是互联网医院 / 022
13. 互联网医院看病有哪些优势 / 023
14. 去看病如何选择医院和医生 / 025
15. 去医院看门诊如何省时省力挂号 / 029

16. 医院里的自助挂号机如何使用 / 030
17. 如何利用医联预约平台进行预约挂号 / 031
18. 如何利用微信公众号进行预约挂号 / 032
19. 如何利用医院 APP 进行预约挂号 / 033
20. 网上看病安全吗 / 035
21. 如何享用"共享护士"服务 / 036
22. 怎样利用可穿戴设备实现居家就医 / 038
23. 检查与治疗新技术带来哪些优势 / 040
24. 医学上有哪些治疗新科技 / 042

三、移动购物 ········· 045

25. 什么是移动支付 / 046
26. 如何将银行卡和手机"捆绑"在一起 / 047
27. 移动支付时需要注意哪些安全事项 / 048
28. 老年人在网购时如何注意安全 / 050
29. 如何保护好老年人的"网络钱包" / 051
30. 什么是付款二维码 / 053
31. 手机移动应用陷阱有哪些 / 054
32. 忘记移动支付的密码怎么办 / 056

四、E生活 ········· 059

33. 共享经济项目有哪些 / 060
34. 如何使用网约车 / 061
35. 如何使用分时租赁汽车 / 063
36. 助力老年人出行有哪些新方式 / 065

37. 如何选择观看网络上的电视节目 / 066

38. 如何在网上订餐 / 068

39. 老年人适合玩电子游戏吗 / 070

40. 如何在网上炒股、理财 / 072

41. 如何在网络上查阅资料 / 074

42. 常用的数据库有哪些 / 075

43. 有哪些适合老年人网络学习和娱乐的项目 / 076

44. 老年人接触网络有哪些好处 / 079

45. 长时间上网会对老年人的身体造成什么伤害 / 080

46. 老年人如何避免"网瘾" / 080

五、新社交平台 083

47. 老年人何以迎接 5G 智能网络时代 / 084

48. 老年人如何加入网络社交平台 / 086

49. 老年人如何防范在网络社交平台泄露个人信息 / 087

50. 网络社交平台隐藏哪些危机 / 088

51. 老年人如何熟悉网络流行语 / 090

52. 微信视频聊天和语音聊天有什么区别 / 093

53. 网络聊天工具有哪些 / 094

54. 微信发语音是否比打电话更方便 / 095

55. 老年人用什么汉字输入法更方便 / 096

一、智能家电

1 什么是智能家电

智能家电就是将微处理器、传感器、网络通信等技术引入家电设备后形成的家电产品。智能家电能够自动感知住宅空间状态和家电自身状态、家电服务状态，能够自动控制及接收主人在住宅内或远程的控制指令。同时，智能家电作为智能家居的组成部分，能够与住宅内其他家电和设施互联组成系统，实现智能家居功能。

中国改革开放后，随着洗衣机、电冰箱、电视机等"三大件"逐步进入家庭，家电产品的性能和质量得到了全面提升。智能硬件的嵌入，使家电产品凸显颠覆性的变化，得到了个性化的控制设置，可根据用户的喜好与时空需要进行操作，从而为消费者，特别是老年消费者的日常生活提供极大便利。

"互联网＋"为智能家电赋能，实现智能网联化。移动互联网实现了智能家电的移动控制，创造了美好的智能家居时空，即一种智慧家庭场景式生活体验模式和生态，由此而创造的智慧家电更是精彩纷呈、争奇斗艳。智慧家电的发展大约分三个阶段。

（1）智能单元阶段：智能单元是指采用 Wi-Fi（无线保真）、蓝牙等无线通信技术实现简单功能的单体智能化消费电子产品。有的智能单品具有独立的、基于云平台实现的对产品的激活与鉴权，同时，利用智能手机软件（APP）实现对其无线遥控和远程控制。

（2）互联网功能阶段：互联网功能就是在家用电器中植入智能硬件，通过 Wi-Fi、蓝牙等方法实现家中多个家电的联网。比如现在的电视机，通过连接 Wi-Fi 就可以进行网络电视观看和搜索相关电影、电视剧、综艺节目等。

（3）智慧家庭生态阶段：智慧家庭生态就是通过大数据分析、云计算、人工智能、物联网等技术为用户提供全方位的智能平台和解决方案。

目前发展相对较成熟的智慧家庭生态体系有多种模式。例如海尔的U+系统模式的全场景体验智慧家庭模块的概念：智慧厨房通过一键烘焙、烹饪传屏、食材智能管理等，大大满足享受美食的需求，打造极致的智慧厨房美食的乐享体验；智慧卫浴打造健康的卫浴生活，如个性化洗浴、健康如厕、健康检测等，从用户需求出发，提供整体解决方案，让卫浴洗护更加便捷、智慧、健康；智慧卧室从个性化角度出发，提供温度调节、空气质量、智慧穿衣、音响智能语音交互、家庭体验等相关硬件、软件、服务的智慧解决方案；智慧客厅让人真切地感受到智慧的娱乐生活，如远程视频通话、语音控制空调、空气魔方、家电运行状态全显示等乐享功能。

> **小贴士**
>
> 智能家居概念起源甚早，但直到1984年美国联合科技公司将建筑设备信息化、整合化概念应用于实际时，才出现了首栋"智能型建筑"。智能家居通常定义为利用电脑、网络和综合布线技术，通过家庭信息管理平台将与家居生活有关的各种子系统有机结合的系统。
>
> 最著名的智能家居是比尔·盖茨的豪宅。他在《未来之路》中描绘豪宅：由"硅片和软件"构成，且采纳"不断变化的尖端技术"；完全按照智能家居概念建造，所有门、窗、家电等设备都由高速网络和电脑控制，整个系统用一个高性能服务器作为管理后台。

一、智能家电

2 智能家电"智能"在哪里

智能家电的目的是使家居生活变得安全、舒适、节能、高效、便捷等,即让家居生活变得更美好。总的来说,智能家电(智能家居)的优势就是"有感觉、能思考、善交流、会学习"。

智能家电的"智能"主要体现在以下几点。

(1) 智能方便:在家中任意位置都可控制灯光、家电、窗帘,例如回家时在汽车上就可以打开房间里的灯或空调。

(2) 智能舒适:任意调节家中灯光的明暗,只需轻轻一触,即可实现梦幻般的场景变化。比如晚上躺在床上,发现客厅的灯没有关,只要按下控制器上对应灯的关闭按钮,客厅的灯即自动关闭。

(3) 智能照明:可以随意设置不同的灯光组合效果,适应不同的场景;可以调节灯光的强弱,更省电;安装时不用重新走线,直接替换原有的开关即可;可以现场控制和远程控制。

(4) 智能遥控:下班路上可以提前打开家里的空调,这样一回家就能享受适宜的温度;出门后发现家里的灯或者电器没关,可以用手机或者电脑来关。电脑控制灯光与家电,并可通过网络进行远程监控:在外地出差,通过手机、电脑可以看到家里的情况,并且控制家里的电器。

(5) 智能安全:当有人入侵时,智能家居会启动安防报警设备,人体探测器会探测到闯入者的位置,还能启动摄像机,抓拍、发送、存储图像,并自动电话联系用户,及时报警,避免损失。

(6) 智能安防:当家中有火灾、燃气泄漏时自动报警,用户无需再担心财产、生命的安全。

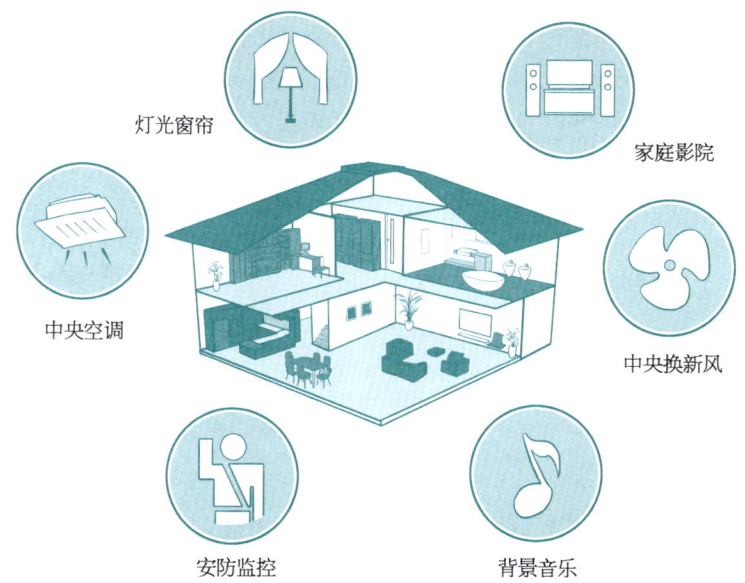

（7）智能家庭影院：多视频源输入，实现了音视频智能化共享。

（8）智能背景音乐：早上醒来时，音乐缓缓响起；吃完早饭后，音乐自动关闭，提醒去上班；在家做家务、洗澡时，可以听音乐。

3　智能家电与传统家电有什么区别

智能家电一点也不神秘，早期的电熨斗、电饭锅温控器就有智能化的特征。但是那个时候它们的"智商"相对来说比较低，也没有形成智能化的概念。而随着网络技术、传感技术、芯片技术、无线射频识别（RFID）技术的发展，真正意义上的智能家电就逐步进入我们的生活。

智能家电主要体现在"智能"两个字上，并不是所有能够远程控制的家电都被称为智能家电，因为远程控制只是一个方法。

有的智能家电系统，通过一个手机 APP 就可以控制家中所有的智能终端，它可以根据用户的生活习惯来调节设备的运行，并通过云端数据分析来判断此时它需要干什么。也就是说，智能家电是拥有自我学习功能的，而不只是远程控制这么简单。

智能家电与传统家电的区别主要在以下四个方面。

（1）拟人智能：智能家电与传统家电的不同，在于智能家电实现了拟人智能，即产品通过传感器和控制芯片来捕捉和处理信息。除了根据住宅空间环境和用户的需求自动设置和控制，用户还可以根据自身的习惯进行个性化设置。

（2）社交属性：当智能家电与互联网连接后，可以被智能手机控制，其也就具备了社交网络的属性。

（3）感知个性化：智能家电对用户的情感、动作、行为习惯等都可以进行感知，并且按照这种感知，对一些智能化的需求执行相应操作。而传统家电仅能感知时间、温度等要素。

（4）采用的技术不同：智能家电通过物联网等现代高新技术对消费者的生活需求进行回应和处理，而传统家电更多是一些传统机械与电子方面的技术，对消费者的生活需求只能简单地执行，无法进行复杂的操作。

④ 智能家电分为哪几类

目前智能家居包括的产品种类有很多,有包括各类型的智能单品、智能可穿戴设备、智能机器人、智能家居系统等。

(1) 智能主机系列产品:智能主机也被称为家庭网关,是智能家居产品的核心设备,通过与主机的无线连接,可以方便用户使用手机或平板电脑等智能移动终端轻松控制,实现数据高速、安全、可靠的传输。

(2) 智能安防系列产品:智能家居安防系列产品,主要通过各种报警器、探测器等相互协调,起到安全与防盗的作用。

(3) 智能照明类产品:用户可直接通过智能手机、平板电脑等移动终端轻松查看和控制家中照明设备的开关状态,合理利用资源。

(4) 家电控制类产品:智能家电控制器可以将红外无线信号关联起来,通过移动智能终端来控制任何使用红外遥控器的设备,例如电视机、空调、电动窗帘等。

(5) 智能空气质量监测产品:通过空气质量传感器,用户可以在产品或手机客户端软件上方便地即时监控室内温度、湿度、环境情况,并可联动家中其他用电设备,改善室内的环境,为用户提供更好的享受。

(6) 智能门锁、窗户、窗帘控制产品:使用手机智能门锁,用户只需拿出手机、平板电脑等移动终端设备,输入解锁密码,即可实现自动开锁。同时,用户还可以为家人或访客远程开锁,也不用担心自己忘带钥匙。

(7) 智能多媒体产品:智能背景音乐系统通过一个或多个音源,

将立体声音乐传送到用户家中的每个房间。用户可以在控制器上选择自己喜爱的音乐,或者直接通过手机或平板电脑远程操作,简单方便。而且,每个房间可独立播放音乐,互不干扰。

小贴士　现在市场提供的部分家电具有智能功能,而智能家居可以帮助将它们整合成一个完整的智能家庭生活环境,实现真正的家庭生活智能化,而不仅仅是单个家电的自动化功能。

5 智能家电有何不足之处

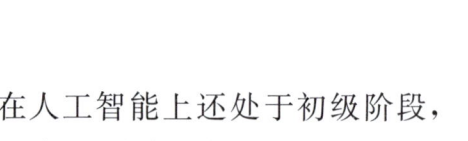

在家电市场上,现在已经出现了多种智能家电产品,常见的就有智能音箱、智能电视机、智能空调、扫地机器人、智能机器人之类的,甚至还有智能插座、智能台灯、智能门锁等产品。

不过,事实上,目前有的家电产品在人工智能上还处于初级阶段,并没有达到前面提到的那么智能化、人性化。

智能音箱可以说是比较早的智能家电产品,也是目前较为热门的选择。如果考虑购买智能家电,那么智能音箱也许是最"平易近人"的选择之一。

智能音箱受到市场追捧不是没有原因的,但称呼它为智能音箱,真是有点"抬举",因为厂商实质上是把它作为"智能助理"来看的,播放音乐只是其中很小的一个功能,而核心功能是语音交互,就像是科幻电影中的人工智能助手一样,只要下达命令就能得到各种答案及解决方案。

智能扫地机器人是最有实用价值的智能家电产品之一。扫地机器人可以自动清洁房间地面,消费者设定好时间段就可以了,到了设定时间它会自动执行,没电了还可以自己去充电。

对智能扫地机器人来说,最核心的智能技术是路径规划。不论是使用激光定位系统、图像位移定位系统还是无线载波定位系统,智能扫地机器人的首要作用就是确保它能够有序地清洁整个地面,而不是胡乱清扫。因此,好的智能扫地机器人对算法要求很高,而智能扫地机器人能不能让消费者满意的关键也就在这里了。

然而,有些用户抱怨说自家的智能扫地机器人不是人工智能,而是"人工智障"。因为有的智能扫地机器人并不能准确识别路径,导致其总是卡在某个位置或者是有的地方没有清扫到,不能做到真正的智能。

家电人工智能方兴未艾。如今,市场上涌现出越来越多的智能家电,智能音箱、智能扫地机器人只是两个代表,更多的产品正在智能化,这是不可阻挡的大趋势。

要看到人工智能技术对家电产品的贡献会增加,智能音箱不是增加语音识别功能那么简单,智能扫地机器人也不是支持无线充电、自动清扫功能就行。智能家电产品要想改变人们的生活,还要真正变得"智能"才行。

6 智能家电可以为老人带来哪些帮助

面对越来越严重的老龄化现状,社会养老助老工作的重要性日益凸显。智能家电的发展,可为居家养老提供很多的帮助,可弥补家庭养老功能的不足。根据老人的实际需要,可用智能家电功能提供的信息和服务帮助老人们更好地安度晚年,使他们真正在智慧网络或智能家居的覆盖之下,老有所依、老有所学、老有所医、老有所乐。

虽然目前市场上大多数智能家电面对的是年轻人,但事实上老年人似乎更需要智能家电。智能家电能将家电设备进行系统集成,根据个性化需求,制定不同的生活场景,实现智能化管理和控制,让老年人可以自主控制家电设备,选择多样化场景,这种智能化生活可以为行动不方便的老年人减轻负担,提高生活质量。

不同类型的智能家电,在适应老年人服务的"智能化"方面,其能力从低到高分六个层次。

(1)通信:通信是所有家电设备智能化的基础。如果该设备只有通信能力(比如智能路由器),那很可能仅成为其他智能家电系统的一个组成部分或通道。

(2)变量感知:变量感知是最早的智能家电的能力。例如智能灯泡、恒温器、家庭安保装置等,其产品的核心价值是对场景的变量感知+数据主动推送,完成智能化初级状态。

(3)多元呈现:多元呈现能力是智能家电一项极为重要的"中枢化"能力,即通过具备信息吞吐能力,可以实现对更多设备集中管理的可能。例如亚马逊的"Echo"智能音箱,通

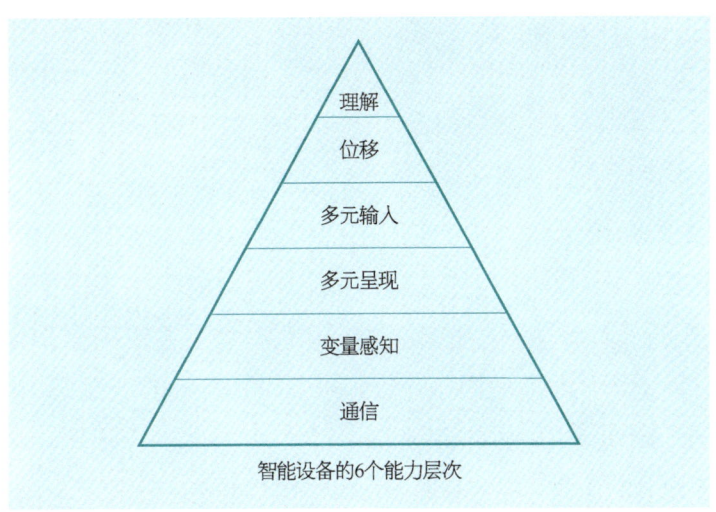

智能设备的6个能力层次

过智能语音硬件延伸触角至家庭日常,并连接电商平台及互联网平台,实现让家与外界相连,如叫车服务、实现在家中远程控制车库等。

(4)多元输入:多元输入能力分两种,一是动机驱动为主输入,自身拥有呈现能力的智能家电所具备的输入能力,如车载终端、智能手表、智能音箱、智能耳机等,其"智能"价值在于创造高成本输入(语音口令)的场景;二是变量驱动为主输入,如智能手环、电子秤、空气净化器等,更多是其硬件具备低成本输入能力,通过智能手机应用接管信息呈现。

(5)位移:一种是与使用者同步位移,如耳机、手表、汽车;另一种是与使用者的非同步位移,如扫地机器人、宠物项圈、儿童手表(使用者为家长)。

(6)理解:理解能力是智能家电精准表现躯体和欲望关系的"灵魂"。理解能力对数据的有效咀嚼与吞吐才是智能化设备的终极目标,即呈现人性化的信息服务,而非结构化的数据表现。

7 学习使用智能家电有什么窍门

从老年人的角度来说,学习使用智能家电,主要是学习掌握智能家电或智能手机控制这个"辅助工具"。无论是安全、舒适、便捷还是娱乐,智能家电控制本身不能解决根本问题。

智能家电控制只是"辅助工具",利用"场景"的集成,助你每天节省思考的成本(甚至是不用思考)。举个生活的实用案例,可说明智能家居替代"思考"的高智商。

同样是客厅,聚会时的环境和日常起居会有不同。细心的家庭主妇可能会考虑,客厅整体灯光要更亮,平时不会使用的局部效果灯今天必须打开;餐台的射灯要开到最亮,餐具的光泽会大大增加食欲;虽然是晚上,也要打开纱帘,窗外的夜景可能更增添画面感;由于人多,空调的温度要调低,风量要增加;今天的客人以商务人士为主,背景音乐要低调欢快;为方便客人三两成群地谈天,书房的房门要敞开,灯光启用原有的"休闲场景"就好;公共卫生间的灯和排气扇就一直开着吧,客人心里会更舒坦些……

只需要思考一次,利用智能家电控制一键"会客场景"就可以搞定。这就是"场景集成",每次只要结果,至于过程就交由智能家电来负责,即控制灯、窗帘、空调、音响、风扇等以怎样的方式工作。

智能家电控制连接生活与电器设备,让电器更理解生活。具体分析智能家居的作用必须从"生活"和"电器"开始,即解决生活问题是目标,电器以什么更有效的方式来达到目标是根本。

(1)解决生活问题,要从三个方面考量:科学的生活参数、共识的生活理念、自我的生活习惯。

（2）电器设备问题，要考虑哪些使用方式不符合人的行为习惯，怎样的辅助工具可帮助电器更好地满足生活的需要，达到"场景集成"的目标。

如何选择适合老年人的智能家电

除了大众所熟知的智能手机外，智能家电也悄然走进老年人的家庭和生活。为了生活的安逸和便捷，居家养老的老年人在家电上往往会选择智能家电。面对众多功能的智能家电，老人到底该如何选择呢？

（1）明确需求：每个家庭对智能生活的要求不同，对于智能家电的选购也不同。老年人在购买智能家居产品之前，一定要明确自己的需求、老年生活的特点、需要哪些个性化服务等，希望买的家电能够为自己做些什么。如果选择太盲目，不仅让支出毫无意义，也让智能家电只能起到摆设作用。智能家居的家电功能可以任意组合，从而满足不同消费者对智能生活的需求。除了必备的功能，如家庭安防系统、暖通环境系统、智能照明系统等部分外，还可以根据自己的特殊需要来安装智能家居产品，如家庭娱乐系统、背景音乐系统等，让用户在家中享受到更多的娱乐。

（2）品牌选择：好的智能家电品牌除了性能和质量有保证外，其各种服务相对其他品牌厂商也更完善，比如技术咨询、安装服务、售后服务等。有些智能家电产品将重点放在了产品的功能之上，而忽略了其视觉享受功能。优质品牌的智能家电产品除了能够提供智能的享受外,其美好的外观工艺还可以给老年人家庭带来美的视觉享受。

(3) 智能家电(智能家居)系统功能选择:系统是指控制系统、系统的兼容性、系统功能等三点。作为智能家电的核心,家电系统是否操作方便、反应是否快捷等都是反映智能家电优劣的一项重要指标,在选购时一定要多加体验,感受实际的使用效果后再选择。例如有的智能家居包括智能安防系统、智能照明系统、门窗遮阳系统、能源管理系统(智能插座)、暖通环境系统(中央空调)、智能影音系统(背景音乐)等六大系统。

(4) 节能环保省钱:家电的智能性,意味着智能家电的制作材料和使用功率都比一般的家电要大得多。在选购时,智能家电的节能环保性也要多加考量。需要注意的是,智能家居技术分为无线和总线两种,一般来说,总线的智能家居价格相对于无线智能家居价格低一些,但是,无线智能家居具备无需布线、施工成本低、可扩展性强等特点,如果是普通家庭合适且预算有限的话,可以考虑选择总线智能家居系统。

目前智能家居存在价格不亲民、系统过于繁杂、操作不够人性化、功能多却实用性不足等问题。

什么样的智能手机适合老年人

智能手机是指像个人电脑一样,具有独立的操作系统、独立的运行空间,可以由用户自行安装软件、游戏、导航等第三方服务商提供的程序,并可以通过移动通信网络来实现无线网络接入的手机类型的总称。世界上第一款智能手机是国际商业机器公司(IBM)1993年推出的西蒙手机(Simon),为以后的智能手机处理器奠定了基础,具有里程碑的意义。智能手机具有优秀的操作系统、可自由安装各类软件(仅安卓系统)、完全大屏的全触屏式操作感这三大特性,它不只替代了功能手机,而且颠覆了如摄影、录像、零售、支付、娱乐社交等众多领域,催生了许多新业态、新模式。

如今,老人活跃而真实地使用智能手机,不但代表着老年人拥有一个信息通信终端,它还代表了老年人追求个性、多样性、信息立体化的积极生活态度。因此,拥有一款适用的智能手机是老年人不可或缺的学习方式或生活策略。

老年人群体的准确定义是60岁以上的老人,但是他们的分化非常大,教育水平、文化程度和经济状况迥异。老年人群体很少从使用角度发出自己的声音,厂商也难以根据老年人对智能手机的真正需求去迎合或跟进。

一般来说,60～70岁年龄段的老年人群体倾向于紧随时尚潮流,体验微信等移动互联网产品,对于他们而言,有的只需基于需求随时切换到老人模式的智能手机。而对于70岁以上这个年龄段的老年人来说,由于其教育水平、文化程度和经济状况不同,对手机功能要求也不尽相同,或倾向于操作简单实用的智能手机,或倾向沿用子女弃用后的上一代智能手机,或倾向于使用紧跟时尚潮流的智能手机。

老年用智能手机的主要购买群体往往是年轻人,他们有时并不了解老年人的真正需求。他们基于自己对于父母辈一代的理解,为他们选购手机时,往往注重操作简单实用,同时也注重产品契合健康需求,比如会倾向于选择具备智能血压计、GPS定位、一键SOS呼救等健康方面功能的老年用智能手机。但由于诸多方面因素的叠加,导致厂商与年轻一代在对不同老年人群的需求理解上出现偏差,使老年用智能手机的功能仍不够理想。

老年用智能手机的功能要求包括硬件和软件两方面。硬件方面,为避免误操作,不适用那种隐藏在屏幕里的内置触摸键手机,一般可选购有实体键或者外置触摸键的手机;软件方面,一般选择字体大、声音响亮的手机。如果不使用流量,则可以拨打运营商服务热线,将手机卡的4G功能关闭,这样就不用怕不小心触碰到移动数据开关了;在买手机时一定要检查手机接听的界面,有的手机在锁屏和解锁时接听电话有两个不同的界面,最好都去尝试一下;尽量避免那种需要滑动才能接听的手机,因为要求长时间按住滑动,对老年人来说有点困难。

⑩ 选购智能家电时有哪些小窍门

互联网电视、智能空调、智能冰箱、洗衣机、电饭煲……如今,90%以上的家电都有远程遥控等"智慧"功能。智能家电的出现,丰富了家

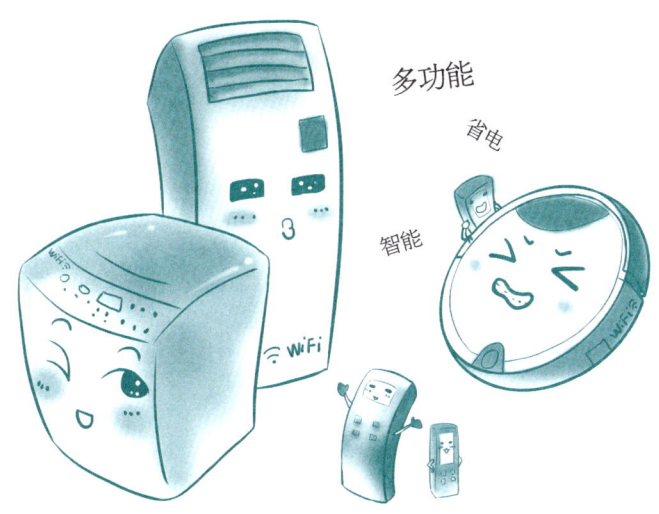

电的功能,给了消费者更多、更充分的选择,但也增加了操控的难度。当人工智能为上班族年轻人提供便利的同时,有的老年人却没能跟上智能的节奏,在"聪明"的智能家电面前遭遇了尴尬,多功能、操作复杂成为痛点。

虽然许多操作都建立在类似智能手机菜单模式基础上,有内在的逻辑规律,但这并不意味着老年人像年轻人一样,可以灵活掌握。老年人嫌太"聪明"的到底是什么类型的智能家电?

当下,许多老人嫌智能家电太"聪明",表面上看是因为年纪太大没能跟上智能家电发展的节奏,事实上,人到一定的年纪,不但接受新生事物的能力会降低,而且许多生活习惯都固定了,比如喜欢固定的食物、看固定的电视节目等。同时,因生理原因,对生活设施、用品的功能呈现特有需求,如对信息媒体要求字大、声音响亮等。

智能家电太"聪明",说到底,还是因为这些产品不够贴近老人的需求,不是为老年人这个特殊群体量身定做的。

事实上，老年人并不是智能家电消费市场的边缘群体。显然，家电的太"聪明"在尴尬之余，对老年人来说也是学习机遇。老年人对智能家电消费不能停留在只是医疗保健与养老服务方面，还有其他全方位需求。

针对目前智能家电产品的情况和组建智能家居的需求情况来看，任何智能家电成套产品或品牌系列，如电视机、空调、电冰箱、吸尘器、电饭煲、洗衣机、电磁炉及消毒碗柜等，其间必须互联、互控、互通，才能组成真正意义上的智能家居，但目前状况是，每个产品或品牌基于自身能力的智慧方案皆为"画地为牢"。

目前，各品牌智能家电产品往往自成体系、各自为政，犹如一个个"孤岛"。如果要实现智慧家庭梦想，只能选购某品牌的全套方案，那成本就太高了。因此，建议老年人选购智能家电时，要从局部应用角度考虑购买。例如喜欢娱乐的老年人，可购置智能电视机或智能机顶盒，实现家庭客厅的智能娱乐应用；注重烹饪的老年人，则可以选择智能冰箱、智能烤箱或智能电饭锅，让厨房烹饪过程更"智慧"。

因此，适应老年人的智能家电应该能处处为老年人着想，解决老人使用的"痛点"，不应单纯追求功能的复杂和完善，让它变得"情商"很低。

有些智能家电，其大多数功能是"鸡肋"；而有些智能家电的功能虽然数量不多，但是老年人觉得使用它做某件事能为自己带来最大便利，并且感到舒适、安全，那它可能就是一款适合老年人使用的智能家电。

二、互联网就医

11 什么是"互联网＋医疗健康"

近年来,"互联网＋医疗健康"服务新模式新业态蓬勃发展,健康医疗大数据加快推广应用,为方便群众看病就医、提升医疗服务质量和效率、增强经济发展新动能发挥了重要作用。我国政府高度重视"互联网＋医疗健康",强调要加快医联体建设,发展"互联网＋医疗健康",让群众在家门口能享受优质医疗服务。由于"互联网＋医疗健康"是新事物,其参与主体多、涉及领域广,隐私安全风险高,也迫切需要各方面加强协同配合和有序参与。"互联网＋医疗健康"分为远程医疗、互联网医院、移动医疗、医疗大数据、医疗物联网、人工智能六大主题。

"互联网＋医疗健康"的服务可满足群众,特别是老年人看病就医时更省心、省时、省力、省钱的需求。通过精准对接和满足群众多层次、多样化、个性化的健康需求,可以让老百姓真真切切地享受到"互联网＋医疗健康"创新成果带来的健康红利。

(1)"智慧"化解"看病烦"与"就医繁"。借助于移动互联网等"互联网＋"应用,医院通过不断拓展医疗服务的时间、空间,提高医疗服务供给与需求的匹配度。以挂号难为例,很多医院不仅开发了自己的手机 APP,还加入了卫生健康行政部门搭建的预约挂号平台,把医院号源放在一个号池里,患者通过互联网、电话都可以进行挂号。另外,患者可以在线完成包括候诊、缴费、报告查阅等多个环节,大大节省了时间和精力。针对老年人的实际需求,提供在线常见病、慢性病处方,逐步实现患者在家复诊,使患有慢性病、老年性疾病的老年人可以在家护理、在家康复，极大提升了老百姓的医疗服务获得感。

（2）跨时空均衡配置医疗资源，将优质医疗资源和优秀医生智力资源送到老年人家门口。通过"互联网＋医疗健康"的方式，从某种程度上可以使资源更加合理配置，利用"互联网＋"技术把医疗资源和医生智力资源配置到一些匮乏的地区，特别是一些偏远地区、中西部地区和农村地区，在一定程度上促进、改变资源不均衡的情况。例如，通过建立互联网医院，把大医院与基层医院、专科医院与全科医生连接起来，帮助老年人在家门口及时享受优质的医疗服务。针对基层优质医疗资源不足的问题，通过搭建互联网信息平台，开展远程会诊、远程心电、远程影像诊断等服务，促进检查检验结果实时查阅、互认共享，促进优质医疗资源纵向流动，大幅提升基层医疗服务能力和效率。鼓励医疗联合体借助人工智能等技术，面向基层开展预约诊疗、双向转诊、远程医疗等服务，推动构建有序的分级诊疗格局，帮助缓解老年人看病难问题。

（3）重塑大健康管理模式，实现"我的健康我能管"。在"互联网＋"的助力下，健康管理正逐步迈向个性化、精确化。通过建立物联网数据采集平台，患者可通过智能手机、平板电脑、腕表等移动设备或相关应用，全面记录个人运动、生理数据。通过建立健康管理平台，依托网站、手机客户端等载体，家庭医生可随时与签约患者进行交流，为签约老年人提供在线健康咨询、预约转诊、慢性病随访、延伸处方等服务，真正发挥家庭医生的健康"守门人"作用。借助"云大物移"等先进技术，老年人在家中就可通过网络完成健康咨询、寻找合适的医生，并在医生的辅助下更好地进行自我健康管理和康复。

12. 什么是互联网医院

互联网医院是"互联网+医疗健康"的一项主要内容。互联网医院直接向患者提供在线远程医疗服务,即运用信息化技术将医疗资源从医院内部延伸到互联网端,开展在线医疗服务及健康服务的互联网医疗平台。

互联网医院就是医院的互联网化或信息化。国内互联网医院共有三种模式:网络医院、线下实体互联网医院、移动互联网医院。

第一种模式是网络医院。一些互联网企业已经申办了互联网医院,他们有一些优质专家资源,比如北京、上海、广州的医生,利用该互联网公司提供的平台,为患者提供一些服务。互联网医院必须落地在实体的医疗机构,线上线下要一致监管,并且必须得有实体医疗机构作为依托,通过互联网平台为患者提供一些远程门诊等远程医疗服务。

第二种模式是线下实体互联网医院,是以医疗机构为提供主体,医疗机构利用互联网信息技术来拓展服务时间和空间,并且把互联网医院作为医疗机构的第二名称,互联网医院要与获得批准的实体医疗机构相关诊疗科目一致,不能超出批准的诊疗科目范围。

第三种模式是移动互联网医院,又称云医院或"掌上医院",是指通过移动设备(如手机、平板电脑),在移动端渠道(如微信公众号、手机软件)实现在线挂号、医保支付、报告单查询等功能。

"互联网+医疗健康"服务产生的数据应该全程留痕,可查询、可追溯,同时保证访问处理数据的行为可控、可管,确保患者的就医安全。

> **小贴士**
>
> 在互联网医院,可实现预约挂号、就医用药、医患沟通、医务人员工作辅助、患者自我健康管理等典型医疗保健场景,让大众更好地适应"互联网+"潮流,应用新科技改善医疗健康服务。

13 互联网医院看病有哪些优势

与传统医疗相比,互联网医院在医疗信息查询和咨询服务、智能导诊和预约挂号服务、在线医疗服务、网络支付服务、在线药品购买及配送服务、医疗服务评价、慢性病管理服务以及健康信息服务等改善医疗健康服务方面有许多优势。

(1)医疗信息查询和咨询服务:患者可在线上查询医院地址、联系电话、专科特色、人才队伍等基本信息,以及医生的主诊常见病、擅长领域、专家门诊时间等具体信息,方便患者根据自身情况选择就医。此外,互联网医院还能提供病情咨询服务,患者可以向医生提问,与医生进行在线交流,医生可综合患者的病情描述以及上传的病历资料给出就医建议。

(2)智能导诊和预约挂号服务:通过患者提供的基本信息,以及医生的在线医疗咨询服务,智能化引导患者选择合适的科室即医生问诊,同时对患者进行合理分流。线上就诊多适合常见疾病以及慢性疾病的复诊,病情较重、较复杂、不适合线上问诊的患者将被引导至线下实体医院进行检查、诊治,互联网医院还将提供线下医院的预约挂号服务,帮助患者方便地去实体医院就诊。

(3)在线医疗服务:提供在线远程医疗服务,医生借助互联网医院平台,通过视频、图文或电话等方式直接与患者交流,实现"一对一"问诊。患者可在线填写个人基本信息、病情描述以及在线提交检查报告、影像资料等,还可以通过配备的可穿戴式医疗设备,远程实时上传体温、血压、血糖等数据。医生在线查看患者所提供的病历资料及就诊记录,通过与患者在线的交流问诊,进行线上诊断并开具电子处方。

(4)网络支付服务:提供在线支付服务,可在线支付医疗服务费、药品费用等。

(5)在线药品购买及配送服务:线上问诊的患者可以根据医生开具的电子处方,自行选择买药途径,可以到附近药店购买,也可在互联网线上药店购买并快递送药上门。

(6)医疗服务评价:患者就诊后可以对医生的服务态度、服务质量,以及线下医院的就医环境进行综合评价,并在线提出意见和建议,全面反映患者就医满意度,为其他患者提供就医参考,也为医生及医疗机构提升医疗服务质量提供有效依据。

(7)慢性病管理服务:医生通过查看患者在网上记录的服药日记、自测结果、饮食记录、运动记录,掌握患者自我管理状态,并结合患者的电子病历与既往检查记录,了解更多影响治疗的因素,制订更具针对性的诊疗方案,帮助患者制订健康管理个人计划,促进自我管理,以此加强病情控制、防止病情恶化、提高生活质量。

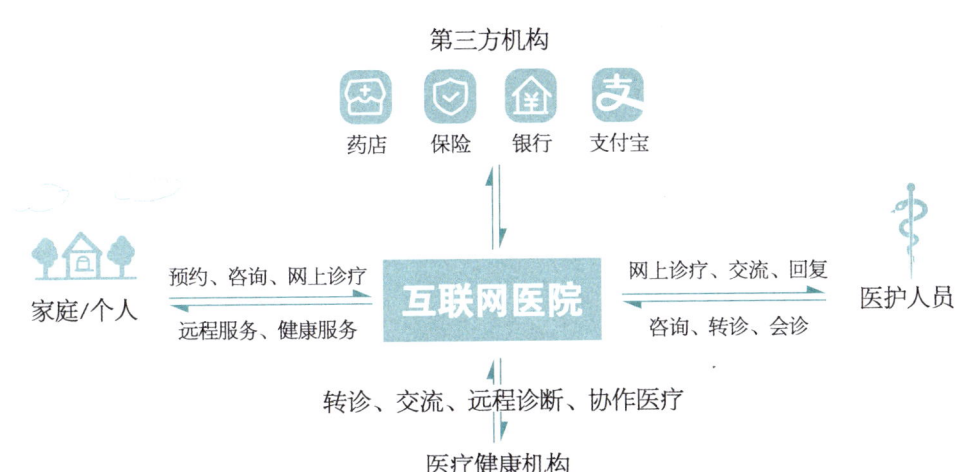

(8) 健康信息服务：提供各种健康科普知识、疾病防治知识、慢性病管理、妇幼保健、中医中药、心理健康等健康信息服务。

14 去看病如何选择医院和医生

去过大医院看病的老年人都会抱怨看病难，每次排队好几个小时，看病才几分钟，老年人都怕医生没了解清楚自己的症状从而造成误诊。以下的一些看病小技能，教你如何成为一名聪明的患者，让看病

变得省时又高效。

关于选择医院和医生,主要依据以下原则。

(1)首选家庭医生:充分用好家庭医生在就医、转诊、用药、医保方面的优惠服务资源。家庭医生是指对服务对象实行全面的、连续的、有效的、及时的和个性化医疗保健服务和照顾的新型医生,具有全面系统的预防、保健、医疗、康复知识。家庭医生具有较强的语言表达能力、人际沟通能力、工作协调能力,能提供及时、有效的服务,对工作认真负责,是新型医疗顾问和健康管理者。

(2)先小后大:日常的感冒、发热、腹泻等,可以先到社区医院就诊,如果不能解决,则由社区医院向大医院进行转诊。转诊的患者可以享受大医院的绿色通道服务,免去挂号、找床位等麻烦。

(3)先普通后专家:初次就诊的话,普通门诊和专家门诊的医生看病的流程是一样的,先问诊后检查。而普通门诊的诊费和等待时间都相对较少,因此应该先看普通门诊,等待各种检查结果出来后,再视病情而定,看看是否需要找专家就诊。

(4)选择互联网医院:有些互联网医院开辟了在线电子处方、延伸医嘱、电子病历共享等服务,致力于通过互联网信息技术优化医疗资源配置、提升医疗服务体系效率,让包括偏远地区在内的老百姓都能享受到互联网发展带来的"福利"。

比如,专业的全国互联网分级诊疗平台乌镇互联网医院,主要通过互联网平台开展三个方面的核心业务。一是精准预约,为大医院输送对症患者;二是在线复诊,让用户足不出户便能看专家;三是团队协作,把大医院、大专家的能力下沉到广阔的基层医疗机构中。

全国互联网医院布局(据 2016 年 11 月统计)

序号	医 院 名 称	所在地	成立时间
1	广东省网络医院	广东	2014 年 01 月
2	宁波云医院	浙江	2014 年 09 月
3	恒大社区互联网医院(在建)	广东	2015 年 06 月
4	舟山群岛网络医院	浙江	2015 年 07 月
5	乌镇互联网医院	浙江	2015 年 12 月
6	阿里健康网络医院	湖北	2016 年 01 月
7	浙大一院互联网医院	浙江	2016 年 02 月
8	广东云医院	广东	2016 年 03 月
9	39 互联网医院	贵州	2016 年 02 月
10	甘肃互联网医院	甘肃	2016 年 04 月
11	银川智慧互联网医院(在建)	宁夏	2016 年 04 月
12	暨南大学附属第一医院"互联网医院"	广东	2016 年 04 月
13	安顺西南互联网医院	贵州	2016 年 04 月
14	微医(福建)互联网中心医院	福建	2016 年 04 月
15	厦门大学附属第一医院互联网医院	福建	2016 年 04 月
16	南京市第一医院互联网医院	江苏	2016 年 04 月
17	广西互联网医院	广西	2016 年 05 月
18	荔湾七乐康互联网医院(在建)	广东	2016 年 05 月
19	解放军 117 医院网络医院(在建)	浙江	2016 年 05 月

(续表)

序号	医院名称	所在地	成立时间
20	湖南儿科互联网医院	湖南	2016年06月
21	菩提医疗云(在建)	山东	2016年06月
22	保定网络医院(在建)	河北	2016年06月
23	华南互联网医院	广东	2016年07月
24	遵义云医院(在建)	贵州	2016年07月
25	上海长海移动互联网医院	上海	2016年07月
26	邢台互联网医院(在建)	河北	2016年07月
27	西南平安互联网医院(在建)	重庆	2016年08月
28	陕西肿瘤互联网医院(在建)	陕西	2016年08月
29	河南理工大学第一附属医院互联网医院	河南	2016年08月
30	福州总医院互联网医院	福建	2016年08月
31	河南互联网医院(在建)	河南	2016年08月
32	克拉玛依市中心医院·云医院	新疆	2016年09月
33	四川微医互联网医院	四川	2016年10月
34	拉萨互联网医院	西藏	2016年10月
35	青岛眼科互联网医院	山东	2016年11月
36	上海儿童互联网医院	上海	2016年11月

15 去医院看门诊如何省时省力挂号

医院各种预约门诊挂号的方法和途径分为：通过医院预约门诊电话、特需门诊电话进行预约挂号；到医院门诊大厅预约中心预约挂号；诊间预约，一般是就诊结束后直接与医生预约挂号；利用自助预约挂号机进行挂号；互联网预约挂号（包括医联预约平台、微信公众号、医院APP三种渠道）。

关于挂号，有以下3点小技巧。

（1）错峰挂号：因为很多患者都会一大早就去看病，所以门诊挂号的高峰时间一般在7:00～9:00，看病高峰期在9:00左右。如果不着急的话，可以错开这段时间，反而可以缩短排队时间。

（2）挂对科室：挂号前要明确自己哪里不舒服，门诊咨询台的护士也可以帮忙做出初步的判断，避免因为不了解症状而挂错科室，出现浪费时间的情况。

（3）巧用网络：除了现场挂号，现在大多数医院都可网上预约。提前几天在网上进行挂号的话，不仅可以免去排队烦恼，还可以约到合适的时间段。

> **小贴士**
>
> 除了挂号省时省力，就诊前做好这些准备，也会让看病过程更加快速有效。
>
> （1）资料准备齐全：无论是初诊还是复诊，都需要准备好病历、就诊卡、社保卡、身份证，如有检查报告也可以一并带上。注

意把病历资料保存好,如果缺少资料,又说不清病情的话,可能就要做重复的检查,浪费更多的金钱和时间。

(2)高效叙述病情:说出主诉,即主要症状加时间,例如"腹痛三天,头疼一周",医生会根据主诉顺藤摸瓜,对症下药。如果有疑问的话,可以事先将问题记下,逐条询问就不会乱了。

(3)搞清楚服药周期:虽然说明书上有具体的服药方法,但是药物的服用方法是因人、因病而异的。针对这个问题,应该仔细询问医生,避免再次排队就诊。

16 医院里的自助挂号机如何使用

为了减少患者排队挂号的时间,现在各大医院都推行了自助挂号机挂号的电子服务系统。自助挂号系统只需患者带好自己的身份证,按照提示进行操作,就能很快成功挂号,大大减少了排队挂号等候的时间。

方法与步骤如下。

(1)医院的门诊及住院部的各楼层均有自助挂号机,挂号患者可在自助挂号机的首页中点开"当日挂号"。

(2)在出现的页面找到要挂号的科室。

(3)接下来的页面就会出现该科室当日上门诊的医生,按照需求选择普通或专家门诊的相应医生并点开。

（4）自助挂号机语音提示,将身份证放在相应的地点读取身份证信息,等待片刻。

（5）身份信息读取完成之后,就会出现缴费方式,包括微信或支付宝支付、银行卡支付以及现金支付。如选择微信或支付宝支付,会出现一个二维码,扫码后即可支付;如果选择现金支付,就把现金放在放钱口;如果是银行卡支付,可以将银行卡插入银行卡入口。

（6）支付成功后,会显示挂号成功,同时会在自助机的右侧出票口送出挂号就诊单,直接去就诊区看病就可以了。

如何利用医联预约平台进行预约挂号

现以上海交通大学附属第六人民医院为例。

（1）打开浏览器,输入网址http://yuyue.shdc.org.cn/,打开医联预约平台官方网址。

（2）登录医联预约平台账号,如果是第一次使用,请先实名注册账号。

（3）用户登录成功后,即可选择医院。进入该医院界面后,再选择科室。

（4）选择专家、专病或者普通医生,点击"预约"按钮。

（5）选择预约时间。下方数字显示"已约号数/总号数",如果已约满,会提示"已满"。接着选择时段,点击"下一步"。

(6) 确认预约信息。确认姓名、电话、证件号码等个人身份信息,点击"获取验证码"按钮,验证码会发至你的手机中,填入验证码并点击"提交"按钮。

(7) 预约成功。

如果需要取消预约,进入"个人中心",选择"我的预约单",点击"取消预约"按钮,就能取消刚刚预约到的专家号了。

如何利用微信公众号进行预约挂号

现以"上海市第六人民医院"官方微信公众号为例。

(1) 打开微信,点击"通讯录"→"公众号"→右上角"＋"按钮,进入公众号搜索页。

(2) 搜索并关注"上海市第六人民医院"官方微信公众号。

(3) 进入微信公众号,点击"就医帮手"→"门诊预约"按钮。如果是第一次使用,请先进行实名用户注册。

(4) 进入预约挂号界面,可选择不同科室的普通门诊、专家门诊、专病门诊、特需门诊、专病专家门诊进行挂号预约。点击想要预约挂号的科室门诊按钮。

(5) 选择预约时间及预约时段。

(6) 确认预约信息以及姓名、身份证号等个人身份信息,点击"确认预约"按钮即预约成功。

如果需要取消预约,点击微信公众号,进入"就医帮手"首页,点击"我的预约"按钮查询已经预约成功的预约信息。在预约信息的最下面有"取消预约"按钮,点击按钮即可实现取消预约。

 19 如何利用医院 APP 进行预约挂号

现以上海交通大学附属新华医院的"新华 E 院"APP 为例。

（1）在手机上安装好"新华 E 院"APP，在 APP 主页面右下角"个人中心"进入登录页面，点击注册，同意用户注册协议，输入手机号码、设置密码以及填写验证码即可完成注册。

二、互联网就医 | 033

（2）输入账号及密码登录，进入个人中心；点击"持卡人管理"；点击"添加"，并完善持卡人信息。

（3）点击"添加就诊卡"即可绑定就诊卡（初诊患者无就诊卡可略过此步骤）。

（4）返回首页，选择"手机预约"→"普通门诊"或"专家门诊"→科室选择→就诊医师选择→就诊时间选择→确认信息，点击"预约"→对应就诊卡选择→确认预约。同时系统会给注册的手机发送一条预约短信，依照短信，初诊患者（未在新华医院就诊过）就诊当天提前到窗口现场缴费挂号就医即可；在新华医院就诊过的患者就诊当天通过手机在预约记录中确认预约即可就医，免去了排长队挂号的烦恼。

当日挂号的话，首页选择"手机挂号"，接下来操作方法同手机预约。不支持初诊患者手机当日挂号就诊。复诊患者中的医保患者凭本人的医保卡、社保卡或医联卡等有效就诊卡,拿着手机挂号成功后获得的就诊序号就可以直接去就诊,无需再到窗口排队付费取号;自费患者可在手机挂号时通过支付宝或银联卡在线完成支付。

20 网上看病安全吗

网上看病主要有两种不同的类型。

(1) 提供咨询服务的网站。患者上网注册后咨询,网站工作人员会回答一些简单问题,但如果患者问一些比较深入的问题,网站人员无法回答,就会帮助患者推荐医生或医院。

(2) 医疗机构开设的移动互联网医疗健康综合服务平台系统(互联网问诊平台),用户通过手机 APP 即可轻松实现预约挂号、预约专家门诊、预约绿色通道、预约体检,以及远程诊断、远程监护、在线咨询等方面的个性化医疗健康服务。

线上问诊大致适合三类患者:一是复诊患者,经过线下初诊,医生熟悉患者病情,患者回家后可以在线与医生交流病情,通过网络上传检验检查资料,请医生远程给出诊疗方案。二是需要会诊的患者,这也符合国家分级诊疗的趋势。三是少量首诊患者,目前仅开放少数简单疾病的线上首诊,如皮炎、湿疹、痤疮等皮肤科轻症。相对复杂的疾病,互联网医院将为患者安排合适的医院进行检查和面诊。

部分互联网问诊平台对入驻的医生实行"三证一卡"的注册认证体

制,即指医生注册平台必须提供医师资格证、执业证书和身份证进行身份和医师资格的认定,同时提供银行卡信息,确保医生信息的真实性;部分平台采取邀请制,要求入驻平台的医生必须是三甲医院主治以上职称的医生,同时进行随机抽查,如果有医疗质量问题,医生随时会被下架。医生为了积累专业病例、提高自身水平,需要借助平台提高知名度,同时为了避免患者给差评影响美誉度,也会更加关注自己的工作细节。

小贴士

互联网医疗不会因载体而改变医患关系,医生从来不是法律主体,法律主体是医院。医生在互联网医院发生医疗纠纷,那么就应该是互联网医院来承担责任。对于医疗监管问题,线上的病史是最难篡改的,任何一个电子病史的修改,后台都会留下痕迹,这才是最真实、最客观的医疗记录。患者接受了网络问诊服务,特别担心隐私泄露。在用户个人信息隐私保护方面,互联网医疗机构予以保护,非经用户许可不对外泄露,不做其他使用。

21 如何享用"共享护士"服务

打开手机"共享护士"APP,手动下单,即可呼叫护士到家中提供注射、输液、换药等服务。现在各地悄然兴起"共享护士"医疗模式。专家呼吁尽早制订相关规范,健全管理制度,让"共享护士"搭上共享经济的"快车"。

可是,众所周知,护士以前都是常驻医院的护理站,只在病房内为住院患者提供服务的。那么,现在兴起的这种"随叫随到、上门服务"的"共享护士"真的靠谱吗?

"共享护士"的确大有用武之地。首先,它满足了许多病因明确、病情稳定、只需简单护理,或是罹患各种慢性病症、需要定期护理的患者,尤其是那些卧床不起、行动不便的老人和残疾人的特殊与个性化护理需求,减少了他们的来回奔波之苦。

其次,它有利于医护资源的优化配置与充分挖掘利用。在我国这个人口大国,医疗资源本来就非常紧张,很多只需接受普通护理的病患如果能够及时出院回家,通过"共享护士"接受护理服务,无疑在很大程度上减少了对院内医疗资源的占用和空闲护理力量的浪费,对缓解其他人的"住院难"问题自然也有帮助。

再则,它对护士个人而言,则能实现自我专业价值,提高收入水平,当然也提高了护士们的获得感。此外,还有很重要的一点是"共享护士"也与国家大力倡导推进的"家庭医生"及"互联网+医疗健康"概念不谋而合。

但在现阶段全面推广"共享护士"也不是没有任何问题。例如,它在运营中会不会出现诸如外卖等其他互联网服务平台常见的"人证不合"、冒名顶替的"黑护士"问题。再说,就算是"有证"的正规护士,其专业素养和擅长领域也千差万别,况且上门护理也不比在医院病房,万一出现紧急情况也无法及时、有效处置,容易引发医疗事故和相关纠纷。

相关部门应当针对"共享护士"这一新事物、新服务,未雨绸缪、提前谋划,加强顶层设计,尽快建立、完善"共享护士"准入制度和运营规则,明确监管部门和经营红线,健全配套的责任划分、权益保障和争议纠纷解决机制,确保"共享护士"服务在安全、规范的轨道内运行,以便更好地造福广大患者。

22 怎样利用可穿戴设备实现居家就医

在老龄化背景下,可穿戴设备已成为提升老年人生活质量的重要工具之一。按照为老年人设计可穿戴设备"日常生活、健康监护、出行安全"的三大服务需求,可以适当解决当前"空巢"老人慢性疾病防治、突发意外等很多养老问题,减轻家庭和社会的负担,缓解当前社会下养老的难题。

根据可穿戴设备本身的"时间、提醒、通信、报警、监护"等基本功能,可穿戴设备对老年人的健康和监护,实现个性化居家式就医,起到重要的作用。部分智能手机和可穿戴设备还能反映使用的步数、路程、强度等健身信息。

使用可穿戴设备的居家老人一般为慢性病患者。居家就医涉及患者、医生、医疗物联网、人工智能设备、药品供应、急救转运等主体与多个体系。在家即可接受医疗服务,促进个人自觉主动管理健康,使用可穿戴设备的居家老人,可较好地实现居家就医。

(1)可穿戴设备获取的身体生物信息,可作为临床诊断决策依据。患者通过远程视频、门诊等形式,实现居家患者与医师间的联通交流,进行临床诊疗行为。

(2)老年人生活和健康的监护助手。可穿戴设备在日常生活中,可防止意外跌撞事故;在健康方面,可对特定的生理指标进行 24 小时监护,记录生理数据;在出行方面,可定位，以便家人了解老人所处位置。

（3）增强老人的自信，提高生活的质量。可穿戴设备是一种现代科技为老年人服务的典型工具，使老年人获得更多的安全保障，满足他们自立自强的生活愿望。

（4）患者所需治疗用药通过药品物流供应体系送药上门。"家庭式医院"与现实医院间的治疗转诊，依托于急救与转运体系；物联网与大数据提供生理指标、临床诊疗行为电子数据的储存、调用及医疗诊疗规范的应用。

（5）可令子女安心。对具有自理能力的老人来说，使用可穿戴设备是为了"以防万一"，使子女更放心地让老人独自生活和外出，减轻赡养老人的精神压力。

（6）减轻社区养老服务机构的压力。通过网络化管理，及时了解老人状况，有针对性地掌握老人的健康状况，从而指导医疗保健。

> **小贴士**
>
> 可穿戴设备是一种可以安装在人、动物和物品上，并能感知、传递和处理信息的计算设备。20世纪60年代，美国麻省理工学院的研究人员就提出了将传感器、无线通信等嵌入到日常衣着，来支持更多的交互形式。
>
> 随着互联网发展，21世纪可穿戴技术实现了与移动互联网的结合，产生了可穿戴设备。2012年以"谷歌眼镜"为代表，开启了智能化可穿戴设备新形式。
>
> 可穿戴设备可以记录大量人体健康数据和环境监控数据，可以对各个时间点的数据进行比对并预测，还可以将数据发送给家庭医生、社区、医疗部门等相关人员，构成一套完整的适用于居家养老的医疗服务体系。

23 检查与治疗新技术带来哪些优势

人工智能技术的介入,在检查与治疗等很多方面具有明显的优势。

(1)智能医疗机器人:主要指用于外科手术、功能康复及辅助护理等方面机器人。世界上最具代表性的外科手术机器人——达·芬奇手术系统,拥有一套三维成像系统和四支灵活性远远超过人类的机械手臂。在这套系统的帮助下,医生能够显著提高手术的精准度和稳度,有效减少对患者身体的创伤。机器人的应用也使得远程手术成为现实。

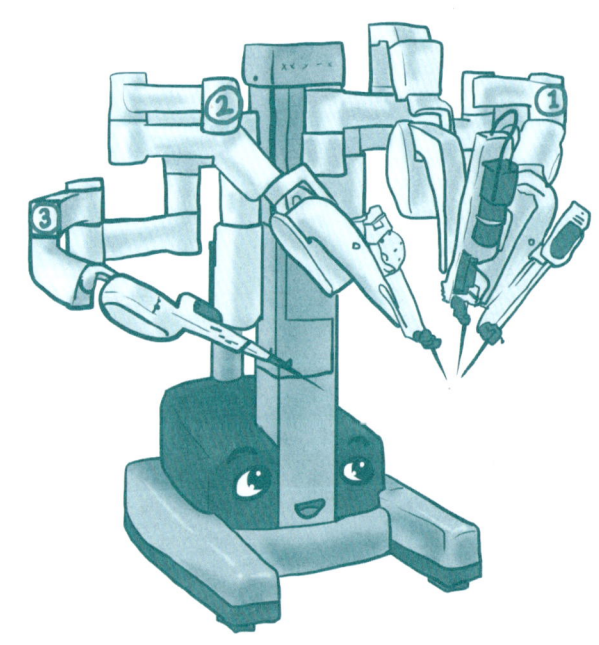

(2) 智能药物研发：智能药物研发的底层核心是知识图谱，其实本质就是将来自实验室的理化数据、各种期刊文献中的研究成果，以及各种开放医疗资料等原本没有联系的数据连通，将离散的数据整合在一起，从而提供更有价值的决策支持。2015年，美国硅谷一家公司基于现有的候选药物，应用人工智能算法，在不到一天时间内就成功地寻找出能控制埃博拉病毒的两种候选药物。

(3) 智能诊疗：融合了知识图谱、自然语言处理、认知技术、自动推理、机器学习、信息检索等技术，通过假设任职和大规模的证据搜集、分析、评价，从而给出诊疗判断。在智能诊疗的应用中，IBM Watson（沃森）是目前最成熟的案例，它可以在 17 秒内阅读 3 469 本医学专著、248 000 篇论文、69 种治疗方案、61 540 次试验数据、106 000 份临床报告。2016 年，Watson 在日本曾诊断出一名 60 岁女性患有罕见的急性骨髓性白血病。

(4) 智能影像识别：智能影像识别指运用人工智能技术识别及分析医疗影像，帮助医生定位病症、分析病情，辅助做出诊断。贝斯以色列女执事医疗中心（BIDMC）与哈佛医学院合作研发的人工智能系统，对乳腺癌病理图片中癌细胞的识别准确率能达到 92%。

(5) 智能健康管理：智能健康管理主要通过体检报告、电子病历、可穿戴设备、智能手机等方式收集用户身体状况的相关数据，提供分析报告及健康管理建议。健康管理平台运用人工智能技术分析来源于可穿戴设备的用户体征数据，提供个性化的生活习惯干预和预防性健康管理计划。

(6) 智能语音：智能语音主要用于辅助医生书写病历，提升医生的工作效率。调查显示，中国 50% 的住院医生每天花在写病历上的时间约为 4 个小时，智能语音系统能在医生和护士、患者交流的过程中，由人工智能系统自动过滤掉无用信息，将所需的医疗数据自动转换成文字,并形成结构化电子病历。医生只需对电子病历的内容进行简单修改或确认,即可打印提供给患者,并完成电子档保存。

(7)智能就医搜索:指针对特定的就医需求,提供高质量、专业化、智能化的信息检索服务。如跨境医疗公司康安途,通过深度挖掘约2 700万篇科研论文和各类资料,将各国的新药进展、医疗价格、发病率、医保覆盖等指标进行分析,建立全球医疗信息大数据库,搭建人工智能平台,为患者筛选性价比最优的医疗咨询方案。

(8)智能医疗导诊:智能医疗导诊主要利用智能问答系统帮助患者解答挂号、缴费、科室分布等常见问题,引导患者顺利就医,减轻医院导诊咨询的压力。

医学上有哪些治疗新科技

国家《"十三五"科技创新规划》对医学生命科技领域中有关医学治疗新科技发展阐述如下。

(1)重大疾病防控:聚焦心脑血管疾病、恶性肿瘤、代谢性疾病、呼吸系统疾病、精神神经系统疾病等重大慢性病,消化、口腔、眼耳鼻喉等常见多发病,细粒棘球绦虫、疟疾、血吸虫病等寄生虫疾病,以及伤害预防与救治技术等,加强基础研究、临床转化、循证评价、示范应用一体化布局,突破一批防治关键技术,开发一批新型诊疗方案,推广一批适宜技术,有效解决临床实际问题和提升基层服务水平。

（2）精准医学关键技术：把握生物技术和信息技术融合发展机遇，建立百万健康人群和重点疾病患者的前瞻队列，建立多层次精准医疗知识库体系和国家生物医学大数据共享平台，重点攻克新一代基因测序技术、组学研究和大数据融合分析技术等精准医疗核心关键技术，开发一批重大疾病早期筛查、分子分型、个体化治疗、疗效预测及监控等精准化应用解决方案和决策支持系统，推动医学诊疗模式变革。

（3）生殖健康及出生缺陷防控：解决我国出生缺陷防控、不孕不育和避孕节育等方面的突出问题，建立覆盖全国的育龄人口和出生人口队列，建立国家级生物信息和样本资源库，研发一批基层适宜技术和创新产品，全面提升出生缺陷防控科技水平，保障育龄人口生殖健康，提高出生人口素质。

（4）数字诊疗装备：以早期、精准、微创诊疗为方向，重点推进多模态分子成像、新型磁共振成像系统、新型X线计算机断层成像、新一代超声成像、低剂量X线成像、复合窥镜成像、新型显微成像、大型放射治疗装备、手术机器人、医用有源植入式装置等产品研发，加快推进数字诊疗装备国产化、高端化、品牌化。

（5）体外诊断产品：突破微流控芯片、单分子检测、自动化核酸检测等关键技术，开发全自动核酸检测系统、高通量液相悬浮芯片、医用生物质谱仪、快速病理诊断系统等重大产品，研发一批重大疾病早期诊断和精确治疗诊断试剂，以及适合基层医疗机构的高精度诊断的产品，提升我国体外诊断产业竞争力。

（6）健康促进关键技术：以定量监测、精准干预为方向，围绕健康状态辨识、健康风险预警、健康自主干预等环节，重点攻克无创检测、穿戴式监测、生物传感、健康物联网、健康危险因素干预等关键技术和产品，加强国民体质监测网络建设，构建健康大数据云平台，研发数字化、个性化的行为/心理干预、能量/营养平衡、功能代偿/增进等健康管理解决方案,加快主动健康关键技术突破和健康闭环管理服务研究。

(7)健康服务技术:推动信息技术与医疗健康服务融合创新,突破网络协同、分布式支持系统等关键技术,制订并完善隐私保护和信息安全标准及技术规范,建立基于信息共享、知识集成、多学科协同的集成式、连续性疾病诊疗和健康管理服务模式,推进"互联网+"健康医疗科技示范行动,实现优化资源配置、改善就医模式和强化健康促进的目标。

(8)药品质量安全:瞄准临床用药需求,完善化学仿制药一致性评价技术体系,开展高风险品种、儿童用药、辅助用药的质量和疗效评价,以及药品不良反应监测和评估、药品质量控制等研究,提高我国居民的用药保障水平,提升药品安全风险防控能力。

(9)养老助残技术:以智能服务、功能康复、个性化适配为方向,突破人机交互、神经-机器接口、多信息融合与智能控制等关键技术,开发功能代偿、生活辅助、康复训练等康复辅具产品,建立和完善人体心理、生理等方面功能的综合评估监测指标体系和预警方法,建立和完善促进老龄健康的干预节点和适宜技术措施,建立和完善养老服务技术标准体系和解决方案。

(10)中医药现代化:加强中医原创理论创新及中医药的现代传承研究,加快中医四诊客观化、中医药治未病、中药材生态种植、中药复方精准用药等关键技术突破,制订一批中医药防治重大疾病和疑难疾病的临床方案,开发一批中医药健康产品,提升中医药国际科技合作层次,加快中医药服务现代化和大健康产业发展。

三、移动购物

25 什么是移动支付

移动支付也称为手机支付,是用户使用其移动终端(通常是手机)对所消费的商品或服务进行账务支付的一种服务方式。单位或个人通过移动设备、互联网或者近距离传感直接或间接向银行金融机构发送支付指令产生货币支付与资金转移行为,从而实现移动支付功能。移动支付将终端设备、互联网、应用提供商以及金融机构相融合,为用户提供货币支付、缴费等金融业务。

移动支付主要分为近场支付和远程支付两种。所谓近场支付,就是用手机刷卡的方式坐车、购物等,很便利。远程支付是指通过发送支付指令(如网银、电话银行、手机支付等)或借助支付工具(如通过邮寄、银行汇款)进行的支付方式。支付宝和微信支付,是这个时代横空出世的技术创新者。

由于移动支付发展太快,在社会总支付交易笔数中的占比越来越高,移动支付已经显得过于强大,甚至在挤压老人群体的支付生存空间。

对于有的老年人来说,"互联网+"还是一个遥不可及的概念,难以分享移动互联网带来的"红利"。像滴滴打车、淘宝、京东等APP的使用一般都要与移动支付挂钩,但绝大部分老人"触网"最多看新闻、发微信,而谈及网络购物、网络支付、手机银行等涉及财务功能的应用APP,许多老年人都不太认同。

何以至此,究其原因有三点:一是子女"不耐烦"教,虽然子女有孝心给老人买智能手机,但很多功能老人都不会用,往往向子女请教几次后,会遇到不耐烦情况,老人们就不好意思继续问了;二是移动支付硬件不完善,大部分老人用的手机是市场上卖的"老人机",并无接入网络功能,其中70岁以上老人的视力、听力都下降,手指不甚灵敏,对需要灵活的手脑并用的智能手机,都没有太大热情;三是因为智能手机操作较复杂,手机硬件和软件对"银发族"不太友好。

如何才能让老年人也能享受到移动支付的便利呢？其实,最便捷的方法就是让家里的晚辈来教;或者要求老年人通过与周围年轻人交友来学习使用。同时,政府也应为社区老年人开设相关的培训课程,教授老年人如何使用移动支付,让他们也能共享"互联网+"时代的便利。

APP一般是指智能手机的第三方应用程序,一般要到应用市场下载,苹果手机在 App Store,安卓系统中使用的 APP 应用商店有360手机助手、豌豆荚、91手机助手等。APP 的类型很多,大体可以分为系统美化、生活社交、阅读教育、影音图像、理财办公、智能硬件等六大类别。

26 如何将银行卡和手机"捆绑"在一起

所谓将手机和银行卡"捆绑"在一起是一种比喻,不是什么真正的捆绑。"捆绑"一词在银行信息中就是"关联"的意思,就是将手机和银行卡中两个不同的信息、业务、数据等联系到一起,以使双方互动、互联、互通,方便交易,保障安全。

银行卡"捆绑"手机号,必须要本人持卡,携带身份证前往柜台办理。具体办理流程如下。

(1) 在银行大堂工作人员的协助下复印身份证,同时取号排队。

(2) 填写一张业务办理的申请单,在申请业务一栏选择"绑定手机",并附现在需要绑定的手机号码。

(3) 待叫到号后,将银行卡、身份证原件、身份证复印件、业务申请单交付于柜台工作人员,即可绑定手机。

将银行卡和手机"捆绑"在一起有许多好处:可以开通短信通知服务,即银行卡消费后会收到手机短信,知道银行账户的变动和余额,可在银行的自动查询机上面开通,一般每月收费2~3元;可以用手机直接转账汇款,这项功能需本人到银行填申请单,开通手机银行。每个银行不一样,有些在开通的时候是要收费的,可去银行咨询。开通了网上银行后即可使用网上支付功能,比如在手机淘宝上购物支付。支付时的快捷支付,也是银行卡和手机"捆绑"的功能。

 27 移动支付时需要注意哪些安全事项

移动支付是电子商务发展的关键环节和基础条件。它大大促进电

子商务的发展与繁荣,逐步成为我国支付市场和支付体系的重要组成部分。

移动支付由于其独特的方便性得到广大消费者的喜爱。支持移动支付方式的四个机构是:买家、卖家、银行、认证机构,其流程是:买家—买家存钱银行—认证机构—卖家存钱银行—卖家。

移动支付有许多渠道,主要是支付宝钱包、微信支付、QQ 财付通等。移动支付时要注意如下几方面安全事项。

(1)密码自己保管好,不要告诉陌生人。

(2)收到的短信验证码、动态密码等不要告诉任何人。

(3)不给陌生人转账、付款。真正的公安机关、检察院、法院,不会要求你转账到所谓的"安全账户",提出这种要求的人都是骗子。

(4)不扫来路不明的二维码,不点来路不明的网址、短信里的链接。

(5)绑定支付宝账户的手机号码停用了,记得一定要把手机号码与支付宝账号解除绑定。旧手机淘汰时,请子女帮你把手机恢复出厂设置。

28 老年人在网购时如何注意安全

在网络时代的今天，网购已经成为了一种普遍现象。网上货品齐全，价格相对实体店不贵，现在很多老年人也非常热衷于网购。那么老年人在网购时怎样注意安全呢？

（1）货比三家，追求性价比。在网上购物，一定要多搜索类似的商品，同样一个商品有很多商家进行售卖的，要多多比较。如看看店铺的信用等级、这款商品的销量，以及消费者评分的情况，再看看买家秀晒出的图片等，都可以作为参考。

（2）注重商品和企业品牌。著名品牌讲究信誉，知名商家的产品与服务质量一般较好。

（3）不要贪图便宜。网上的很多东西确实比实体店的要便宜很多，但是如果价格相差得特别悬殊的话，建议老年人不要购买，避免上当受骗。

（4）不要相信卖家加微信支付。老年人在网购时不要听信一些卖家的花言巧语，说不在这里支付，让老年人加微信进行支付，应该使用电商平台规定的支付方式进行支付。

（5）购买之前先和客服沟通。在购买商品之前要先和客服聊一聊，看看商品还能不能优惠一些，顺便了解一下商品的性能。

（6）收到货后先打开验货。到货以后，要自己亲自去取，先不要着急签收，先打开验货，如果缺货，要拒绝签收。

（7）可购买运险费，即保险公司推出的退货运费险。购买运险费的好处是，当发生退货时，在交易结束后72小时内，保险公司会按约定对买家的退货运费进行赔付。老年人网上购物，可多花几毛钱购买运险费，这样退货就不会有太大的损失了。

29　如何保护好老年人的"网络钱包"

"网络钱包"也称"手机钱包",网络支付时代,手机变身钱包。老年人该如何保护好自己"网络钱包"安全呢?

据调查研究,在全球范围内,手机盗窃案件数量都呈现上升趋势,超过70%的网民表示曾丢失(含被盗)手机。遭遇手机被盗本已是不小的损失,但经调查研究表明,在发生手机盗窃案件后,不法分子还可能利用手机中的信息对失主的社交好友、网银账户等进行诈骗和偷窃,给失主造成更大的经济损失。

对于安全性,各家银行在推出手机银行业务时都会经过测试,对安全性进行严格把关,系统设置多重防火墙,专门的团队会进行适时监控,有需要时会对系统和客户端进行更新升级,老年人在使用时若收到客户端升级的提示,应及时确认后自动下载更新。但仅仅依靠银行的防范措施还不足以将无孔不入的犯罪分子挡在门外,老年人还应该养成良好的使用习惯。

手机网络安全专家则指出,使用手机银行,还要养成五大安全习惯。

一是密码、账号妥善保管,不外泄,不要随意开启不明来历的短信或彩信,对可疑短信或彩信应立即删除,登录涉及网银交易的网站要验证网站真伪。

二是网络银行会提供安全性调整和修复,手机银行软件要及时升级更新,删除软件也应保证卸载干净,不留信息残余。

三是及时清除手机内存中临时存储的账户、密码等敏感信息,每次使用完手机银行后,一定要安全退出。

四是如果手机丢失且手机号已经绑定了支付工具,用户应尽快向支付服务提供方挂失,联系通信运营商挂失SIM(用户识别模块)卡,并向银行挂失冻结支付工具已经绑定的银行卡。如果身份证、银行卡等财物也一并丢失,同样需要尽快进行挂失处理。下次申请手机银行的时候,银行会再次签约,绑定新手机。

五是要注意关闭手机USB(通用串行总线)调试功能。很多手机用户,都设置了开机密码、屏保密码或锁屏手势或指纹,这样就可阻止陌生人进行手机操作,保障手机钱包的安全。其实,最关键的是,手机网银的转账金额最好只设立较小的额度。这样即使别人盗用了你的密码、用手机窃取资金,损失也是有限的。

小贴士

微信支付、支付宝都设有账号冻结功能,一旦发现手机丢失可以先冻结账号,等补回SIM卡后再进行解冻。在发现微信密码被盗或者手机丢失时,可以立刻登录微信账号紧急冻结通道http://110.qq.com,也可以登录微信官网http://weixin.qq.com,通过与微信绑定的QQ号和密码申请"冻结账户"。申请成功后,可杜绝他人登录微信。之后,用户要重新启用该账号,需要重置密码并通过身份验证后方可解冻。此外,用户也可以通过拨打腾讯微信的客服热线进行咨询,在客服的指引下进行微信账号的紧急冻结。丢失手机的用户还可以在电脑上登录支付宝账号,关闭无线支付业务总开关,关闭之后通过手机、平板电脑将无法进行支付。

30　什么是付款二维码

二维码支付听起来似乎是一项十分新鲜的技术,其实,早在20世纪90年代,二维码支付技术就已经形成,其中,韩国与日本是使用二维码支付比较早的国家。

二维码支付手段在国内兴起、形成背景主要与我国IT技术的快速发展以及电子商务的快速推进有关。IT技术的日渐成熟,推动了智能手机、平板电脑等移动终端的诞生,这使得人们的移动生活变得更加丰富多彩。与此同时,国内电商也紧紧与"移动"相关,尤其是"线上线下"的发展。有了大批的移动设备,也有了大量的移动消费,支付成本就变得尤为关键。因此,二维码支付解决方案便应运而生。

二维码支付是建立在一个支付平台基础上,背后是以账户体系为支撑。现在比较火的是微信二维码支付、支付宝二维码支付。

二维码支付主要有如下特色。

(1)技术成熟:二维码支付在国外发达地区已经拥有成熟的技术手段,这也为国内二维码技术发展奠定了基础。

(2)使用简单:使用者安装二维码识别软件后,对准二维码简单扫描识别就可以完成交易。

(3)支付便捷:有了二维码支付手段,商家不必承受货到付款等高成本支付,而消费者也可以随时随地进行实时支付。

(4)成本较低:由于技术的成熟,加上移动设备的普及,使得二维码支付成本变得很低。

31 手机移动应用陷阱有哪些

我们在享受网络为生活带来的各种便捷的同时,还要有网络安全意识,警惕各种各样的网络陷阱和骗局。为帮助大家规避风险,在此列出生活中常见的一些网络陷阱。

(1) 不要随便扫二维码。微信扫二维码如今已是再普通不过的事,然而这里面或许也会有"猫腻"。有一些不法分子,将病毒程序的网址粘贴到生成器上,生成"有毒"的二维码,利用这些二维码将木马植入被害人的手机并自动提取私人信息。因此,切忌为了蝇头小利,到处扫二维码。

（2）下载 APP 当心被恶意"吸费"。智能手机下载 APP 一定要通过正规渠道，非正规渠道下载的 APP 可能在后台执行"吸费"的程序，私自发送扣费短信，拦截扣费提醒短信，自动下载付费程序等。最好定期用安全软件给手机体检、杀毒，这会大大降低手机被吸费病毒感染的危险。

（3）抢陌生人的微信红包要慎重。在红包经济火爆的大环境下，免费红包已成为一种热门诈骗类型。骗子一般利用朋友圈、微信群散播高额"红包"引人上钩，受害人在领取"红包"前会被要求关注微信号或填写个人重要信息。所谓"红包"只是一个彻头彻尾的盗刷软件，领多少钱就会被盗刷多少钱。

（4）公共场合的免费 Wi-Fi 要慎用。现在大家的手机都离不开网络，各种各样的公共场所也都设置了免费 Wi-Fi，需要提醒大家的是，对于一些名称可疑的 Wi-Fi，建议不用或慎用，因为它很有可能就是陷阱。

（5）注销手机号要撤销支付宝绑定。常有网购达人把银行卡、支付宝、手机号绑定在一起，弃用手机号时，又没能及时取消这些绑定，从而发生账号被盗刷。因此，在弃用手机号时，一定要把这些程序删除干净，防止安全隐患。

（6）不要随意点开短信链接。收到任何陌生人发来的短信链接，千万不要随意点击。如果不小心点了这些链接，被安装了一些软件，应立即卸载软件并使用手机杀毒软件彻底杀毒。如果删除不掉，就马上关机，然后找专业人士刷机。

> **小贴士**
>
> 不要泄露自己的银行卡、支付账户、身份证信息及手机校验码；不要在社交平台上随意接收点击别人的图片、二维码、链接和 APP；不要随意点击卖家发来的链接购物付款；不要轻易连接不

需要密码的免费 Wi-Fi；不要在绑定网络支付的银行卡里面存太多钱。要在可靠的 Wi-Fi 网络环境下进行网上支付，手机号突然失效应立即联系运营商补卡；注销手机号前，要解除各种账号绑定，清除云端数据，及时删除隐私信息；联系客服时，要通过官方渠道；手机要安装杀毒软件，并定时更新和查杀病毒。

忘记移动支付的密码怎么办

忘记手机支付密码的解决方法如下。

（1）登录手机支付宝账户，进入首页后，选择"我的"选项。

（2）在"我的"选项里面，选择"密码设置"，然后重置手机支付密码。

（3）为了账户的安全，首先会进行安全验证，选择符合自身情况的选项，点击下一步。

（4）设置6位数的手机支付密码，该密码将会用于手机支付。输入两次密码给予确认，点击完成。

（5）重置密码成功。

中国移动 3G 🖼 ⏰ 📶³ᴳ📶 97%🔋 23:34

手机支付密码

该6位数字密码将用于手机支付

三、移动购物

四、E生活

33 共享经济项目有哪些

共享经济的本质是整合线下的闲散物品或服务者,让他们以较低的价格提供产品或服务。对于供给方来说,通过在特定时间内让渡物品的使用权或提供服务,来获得一定的金钱回报;对需求方而言,不直接拥有物品的所有权,而是通过租、借等共享的方式使用物品。大多数共享经济,更多属于协同消费的范畴。伴随着这股共享经济热潮,许多城市继共享单车、共享汽车("网约车"和"分时租赁汽车")之后,共享充电宝、共享篮球、共享雨伞、共享洗衣机、共享冰箱、共享电视机、共享空调等,共享经济新形态不断涌现,并成为新一轮资本蜂拥的"风口"。

共享经济将成为社会服务行业内最重要的一股力量。在住宿、交通,教育服务以及生活服务及旅游领域,优秀的共享经济公司不断涌现:从宠物寄养共享、车位共享到专家共享、社区服务共享及导游共享,甚至移动互联需求的 Wi-Fi 共享。新模式层出不穷,在供给端整合线下资源,在需求端不断为用户提供更优质体验。

以最普及的共享单车为例。共享单车是指企业在校园、地铁站点、公交站点、居民区、商业区、公共服务区等提供自行车共享服务,是一种分时租赁模式,也是一种新型环保共享经济。共享单车主要依靠载体为自行车,充分利用城市因快速的经济发展而带来的自行车出行萎靡状况;最大化地利用了公共道路通过率,同时起到健身作用。

使用共享单车的方法及步骤如下。

(1)下载软件:下载所在城市可使用的共享单车软件。

（2）交押金：一般的共享单车都需要先交押金，再使用。

（3）充值：交完押金以后还得充值，因为"共享单车"是收费的，不是免费的，骑行就会产生费用。

（4）开锁：扫二维码或者蓝牙链接以后开锁或者手动开锁，然后就可以骑行了。

（5）还车：有些共享单车需要还车到指定的区域（电子围栏）。不管是骑行还是还车都需要注意是否超时，还车以后 APP 会根据骑行的距离或者时间来收费，一般在每小时 1 元上下。

如何使用网约车

共享汽车的概念最早出现于 20 世纪 40 年代，由瑞士人发明。共享汽车是指许多人合用一辆车，即开车人对车辆只有使用权，而没有所有权，类似于在租车行里短时间包车。专家预测，无人驾驶汽车可能成为未来共享汽车的主体。目前的共享汽车有网约车和分时租赁汽车两种服务。

订网约车以"滴滴打车"为例，详细步骤如下。

（1）登录"滴滴打车"官方网站，用手机扫描二维码，下载安装乘客版 APP。

（2）安装后，首次运行时需输入手机号码进行验证注册。可以预约叫车和当即叫车。

（3）语音呼叫：说出要去的地方，软件语音识别您要去的位置，定位您当前所在位置和显示附近网约车的信息。

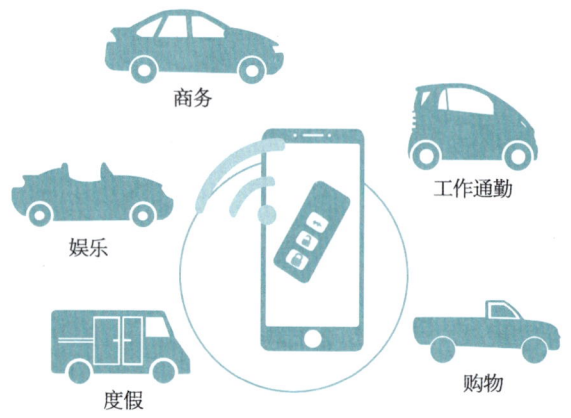

（4）等待司机响应：响应后可以查看司机的相关信息和行车路线；使用网约车。

（5）乘车完成后，乘车互评。诚信记录将影响到乘客和司机双方。

> **小贴士**
>
> 　　无人驾驶汽车是一种智能汽车，也称为轮式移动机器人。它利用车载传感器来感知汽车周围的环境，并根据感知所获得的道路、汽车位置和障碍物信息，控制汽车的转向和速度，从而使汽车能够安全、可靠地在道路上行驶。
>
> 　　无人驾驶汽车集自动化控制、体系结构、人工智能、视觉计算等众多先进技术于一体，是计算机科学、模式识别和智能控制技术高度发展的产物，也是衡量一个国家科研实力和工业水平的重要标志。
>
> 　　从20世纪70年代开始，美国、英国、德国等发达国家进行无人驾驶汽车的研究。无人驾驶车也是我国重点支持的战略性新兴产业之一，中国在该领域研究上取得了长足的进步。

35 如何使用分时租赁汽车

分时租赁汽车的共享模式,一般是通过某个公司来协调车辆,并负责车辆的保险和停放等问题。分时租赁汽车有助于缓解交通压力,有利于社会低碳节能减排,发展前景极为广阔。

有时,每个家庭只有一辆汽车,不能满足家庭生活和工作的不同需求。而分时租赁汽车的推广,能满足社会公众的个性化出行、商务活动、公务活动和旅游休闲等不同的需求。

未来发展的智能网联汽车以及无人驾驶汽车,更是共享汽车的绿色交通工具。

目前,分时租赁汽车有"EVCARD""绿狗"等众多品牌。使用分时租赁汽车的共享模式如下:

(1)下载共享汽车APP:找到某款共享汽车品牌的官网后点击进入,下载安装APP到手机中。

(2)注册账号登录APP:此时系统多会要求您输入个人手机号获取验证码,验证成功后即可登录到APP中。

(3)驾照验证、缴纳押金:登录共享汽车APP后,找到"驾照验证"这一选项。这时,需要您将个人的有效驾照的正、副页拍照,并进行上传,完成驾照验证的操作。最后缴纳押金。

(4)发现附近可用共享汽车并进行预约。打开共享汽车APP,在首页的地图上找到距离自己较近且方便去找到的共享汽车,然后点击图示,即可进入车辆详情页面,决定使用这辆车后,点击页面下方的预约即可。

一般预约成功后,大多会要求您在10~20分钟去找到这辆车并开启使用,否则,系统会要求您进行重新预约后才可使用。

（5）智能开门：当来到共享汽车附近后,打开手机蓝牙,或者打开APP,点击"智能开锁"后,车门即可远程打开。然后就是找到车钥匙,有的品牌则需要您在副驾驶储物箱内找到钥匙,然后您就可以把车开走了。

（6）中途加油：如发现车快没油了,可打开副驾驶位置的储物箱,找到加油卡,即可到指定的加油站进行加油。如果发现车没有电了,这时需要您将车开到就近停车网点进行充电,或者采取结束本次租车、重新开启下一辆共享汽车的方式来解决。

（7）还车结算：在租车之前,需要您对还车规定有一定了解,避免造成不必要的损失。一般可通过共享汽车APP查找附近的租还热点,建议使用共享汽车前先查找好目的地附近的租还热点,以便于规划好行驶路线。

根据对目前国内共享汽车品牌的了解,共享汽车的收费多采取分时租赁(时长费+里程费)的方式进行结算,即在白天用车高峰期和晚上低峰时段的用车价格是不一样的,而且差额较大。

小贴士

随着私家车的快速增长,交通法规对驾车人年龄的限制放宽,开车出行的老年人也越来越多。

老年人驾车时应特别注意：宜驾驶自动挡汽车,避开高峰期出行,规划好行车路线,车速不宜过快,避免夜晚驾车,驾车时间别太长,恶劣天气别驾车。

助力老年人出行有哪些新方式

在移动互联网时代,老年人出行可通过电子地图了解有关交通、环境及出行方案等信息,还可利用各种移动智能支付方式,乘用轨道交通、地面交通、共享单车、共享汽车等工具,利用移动智能支付方式,订购长途汽车票、火车票、高铁票、飞机票以及酒店房间。现介绍如何用手机支付方式来乘用轨道交通和地面交通。

(1)手机支付乘轨道交通:现阶段,乘客坐上海地铁可以在四种乘车票务方式中任选。这四种方式分别是地铁单程票、一日票、三日票、纪念票过闸;公共交通卡、保通卡过闸;手机票卡(手机钱包)过闸;基于"Metro大都会"APP系统刷码过闸。

首次使用"Metro大都会"的用户,需要下载手机APP。点击APP页面下方的"乘车",根据页面提示,依次完成实名认证和选择支付方式,开通"乘车功能"后,系统会自动生成上海地铁乘车二维码。在地铁进站时,只需在闸机扫描口上面出示扫描这个乘车二维码,闸机打开后即可进站;出站时再次刷乘车二维码,过闸后车费将自动扣除。

手机"刷码过闸"的功能,解决了乘客购票排队、零钱购票,以及实体卡携带不便、易丢失的问题。

(2)手机支付乘地面交通:日前,"上海公共交通乘车码"正式上线。"上海公共交通乘车码"服务的最大特点在于,无须下载APP、无需提前充值。乘客只需通过微信小程序搜索"腾讯乘车码",开通"上海公共交通乘车码"功能,开通后乘车码会自动进入微信卡包,再次使用时只需打开微信,下拉聊天框,打开

"腾讯乘车码"小程序或通过"我-卡包-会员卡"即可轻松使用，可先乘车，后付费。而且由于使用了脱网验证技术，响应速度在0.2秒以内。这一服务的开通，将有效解决乘客乘坐公共交通时忘带交通卡和没有零钱的困扰，为市民交通移动支付提供了多样、便捷的选择。使用攻略如下：微信中找到"发现"-"小程序"，搜索"腾讯乘车码"，点击页面上方"切换乘车码"。切换至城市，例如上海市，点击"立即开通"，即开启。

乘车使用时，将手机的微信往下轻轻一滑，打开乘车码，靠近公交扫码机进行刷码，机器提示发出"扫码成功"等语音，支付成功页面确认，即可上车。

在上海市交通委员会指导下，交通卡公司将积极推进"上海公共交通乘车码"在上海市轨道交通、轮渡、市域铁路、出租汽车等其他公共交通领域的推广应用，实现跨领域的互联互通。

37 如何选择观看网络上的电视节目

2010年起，国务院决定加快推进三网融合。三网融合是指电信网、广播电视网、互联网在向宽带通信网、数字电视网、下一代互联网演进过程中，三大网络通过技术改造，其技术功能趋于一致，业务范围趋于相同，网络互联互通、资源共享，能为用户提供语音、数据和广播电视等多种服务。

因此，除了传统的有线电视之

外,观看网络上的电视节目还有网络电视、数字电视、交互式网络电视(IPTV)、OTT和移动终端电视等选择。

(1) 有线电视是一种使用同轴电缆作为介质直接传送电视、调频广播节目到用户电视机的一种系统。

(2) 数字电视是指采编、播出、传输、接收等环节中全面采用数字信号的电视系统。数字电视系统可以发送多种业务,如高清晰度电视、标准清晰度电视、智能电视及数字业务等等。

(3) IPTV是运营商与播控平台合作运营的新媒体业务,有线电视是有线公司或广电独立运营的数字电视服务。IPTV是数字电视的一种,因此普通电视机需要配合相应的机顶盒接收信号,也因此供应商通常会向客户同时提供点播、回看、时移电视等视频服务。

(4) OTT指的是利用现成的公有互联网进行传输的视频服务,不像IPTV一样要专门的硬件和网络设施进行组网,像在电脑、手机、平板电脑、智能电视等设备看优酷视频就属于OTT服务。

(5) 移动终端电视指的是通过无线接收到移动终端的电视,比如手机接收、车载电视接收等。

而网络电视的概念更广泛一些,可以面向整个互联网。当然随着互联网视频市场及技术的发展,IPTV慢慢过渡到OTT TV,两者之间的界限会越来越模糊。相对于有线电视,网络电视的交互性较强,用户可随意选视频,于任何时间自由点播喜欢收看的节目,中途更可随时暂停、向后回放或向前搜索,不受制于节目表的播放时间。

IPTV和OTT都可归类为网络电视,相对于有线电视,网络电视节目数量增加,选择性更多;有线电视则带宽足够,收视更清晰,画面效果更好,弱项是单向传播,没有交互性。

> **小贴士**
>
> IPTV即交互式网络电视,是利用宽带有线电视网的基础设施,以家用电视机作为主要终端电器,通过互联网络协议来提供包括电视节目在内的多种数字媒体服务。
>
> 用户在家中可以有多种方式享受IPTV服务:计算机、网络机顶盒+普通电视机,以及移动终端(如手机、平板电脑等)。IPTV既不同于传统的模拟式有线电视,也不同于经典的数字电视。它能够很好地适应当今网络发展的趋势,充分有效地利用网络资源。

如何在网上订餐

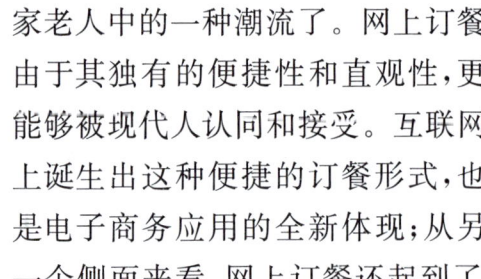

网上订餐是互联网生活的深入应用,是用户通过互联网,足不出户,轻松地实现自己订购餐饮和食品(包括饭、菜、便当等)的一种消费形式。

随着网上订餐平台的兴起,网上订餐已经逐渐成为白领阶层和居家老人中的一种潮流了。网上订餐由于其独有的便捷性和直观性,更能够被现代人认同和接受。互联网上诞生出这种便捷的订餐形式,也是电子商务应用的全新体现;从另一个侧面来看,网上订餐还起到了

帮助推进电子商务的普及和应用进程的作用。

以中国专业餐饮O2O(线上到线下)平台"饿了么"为例,介绍其网上订餐详细流程。

(1) 在手机上下载安装"饿了么"APP。

(2) 然后进行注册登录。

(3) 设置收货地址,尽量详细一些。

(4) 开始在首页等位置挑选食物。

(5) 挑选好了以后,点击旁边的"加号",全部选择完毕以后进行结算付款。

此外,也可以收藏自己喜欢的一些店铺。

39 老年人适合玩电子游戏吗

老年人玩电子游戏的好处有很多。

(1) 提高老年人的认知功能。人的认知功能常常会随着衰老而受损或衰退,而电子游戏可以使老年人的思维保持活跃,并有助于改善大脑健康。比如玩赛车游戏,该游戏要求玩家在游戏过程中留意特定的路标,能改善记忆力和专注力。

(2) 减轻老年人的抑郁和孤独感。老年人通过玩游戏能调节心情,一项研究发现,每周玩1小时游戏的老年人与每周看1小时电视节目的老年人相比,孤独感更少,情绪更乐观。另有研究发现,通过玩健身类电子游戏,有1/3老年人的抑郁症状减轻了50%,甚至更多。

(3) 让老年人得到更佳的平衡感和反应能力。研究发现,玩电子游戏的老年人其平衡感和步态都有所改善。某项研究结果发现,电子游戏可提高玩家的记忆力、空间导航能力和决策制定能力。这种现象出现的原因可能是大脑支配身体活动的能力提高了。

老年人应当玩什么类型的电子游戏?建议老年人可以玩一些考验记忆力和反应能力的益智游戏或者策略类游戏。例如斗地主、麻将、消消乐、俄罗斯方块、泡泡龙、打砖块、连连看等。

还有一些运动类的电子游戏,可以锻炼空间感和体能,比较适合体力较好的老年人。此外,老年人适当体验一下虚拟现实(VR)游戏也是很有趣味的。

需要注意的是,对反应速度要求很高的游戏,可能会造成紧张心理,可能会导致老年人血压升高,对于有基础疾病的老年人不适合。老年人在玩电子游戏时也要注意节制,不能长时间地坐在电视机或电脑前,而应该进行适量的户外活动。

同时,老年人在玩游戏时不能有过强的输赢心,要明白游戏只是游戏,要量力而行,不能让游戏的输赢影响自己的心理和身体健康。

电子游戏也不是锻炼大脑的唯一途径,如果不喜欢玩游戏,可以考虑通过一些益智活动保持健康和活跃的思维,如每天做一些填字、数独(逻辑游戏)或类似的猜谜游戏;看看电影或听听演讲;学一些自己感兴趣的新知识;读书、看报或进行写作;和身边的人聊天或辩论。这些活动一样可让老年人的大脑保持青春活力。

> **小贴士**
>
> 虚拟现实游戏,也称 VR 游戏,只要打开电脑,带上虚拟现实头盔或眼镜,就可以让你进入一个可交互的虚拟现实场景中,不仅可以虚拟当前场景,也可以虚拟过去和未来。
>
> 它的原理就是利用电脑程序模拟产生一个三维空间的虚拟世界,同时为使用者提供关于视觉、听觉、触觉等感官的模拟,让使用者拥有身临其境的体验,并且能够自由地与该空间内的事物进行互动。
>
> 虚拟现实技术虽然是近年才出现的,但已经在多个领域有了实际的应用,包括医学模拟手术、军事航天模拟训练、工业仿真、应急推演以及电子游戏等。其中,电子游戏与虚拟现实技术之间有着更为重要的联系。

40 如何在网上炒股、理财

股票的价格瞬息万变,如果不能坐在电脑旁边时刻留意股价的变化怎么办?只要有一部智能手机,老年人就可以随时把握大盘走势,随时买卖股票了。手机炒股因其方便、快捷与安全的特点,为广大老年股民所喜爱。

手机炒股、理财软件有以下几方面特点。

(1) 投资操作简单:通过手机获取行情、交易、资讯等系列证券应用服务,其操作和在证券营业部一致,简单易用。

(2) 支持多款手机:基于安卓、IOS(苹果公司开发的移动操作系统)等平台的手机终端都支持手机证券业务。

(3) 多券商支持:支持多家券商交易,可以选择指定交易的券商,进行在线证券交易。

(4) 实时行情:支持 K 线、分时走势、报价等实时行情显示,速度和电脑炒股一样快。

(5) 资讯丰富:提供即时、丰富的综合资讯,包括专业的宏观资讯和个股资讯。

(6) 突破地域限制:移动炒股,有移动网络信号或 Wi-Fi 网络都能使用。

(7) 服务完善:移动客服及移动营业厅为用户提供完善业务支持服务。

根据易观千帆(移动应用评级机构)2016 年 5 月证券股票类 APP 大数据显示:2016 年 5 月主要股票类 APP 的月活跃用户数量上,同花顺、大智慧、东方财富等老牌股票资讯类 APP 名列前三,依然是不少股民的选择。

同花顺:是一款功能强大的网

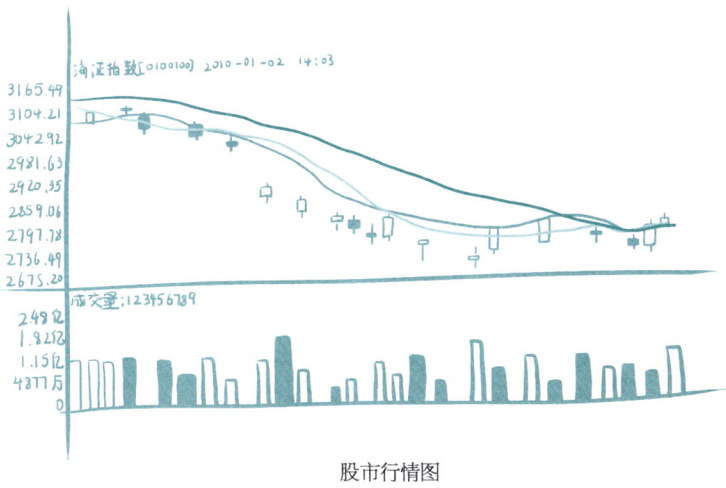

股市行情图

上证券交易分析软件,它提供系列版本,支持电脑、平板电脑、手机等多种设备。同花顺证券交易软件注重各大证券机构、广大股民的需求和使用习惯,提供自主研发的搜牛财经及自定义选股等功能。

大智慧:大智慧炒股软件操作简单,提供股票智能预警、离线盯盘等特色功能,尽量规避风险,提示炒股买卖点。此外,还提供独家金融投资资讯、财经微视频、专业分析师的专业解读。

东方财富:东方财富是东方财富网基于自身的平台优势推出的一款炒股软件,从行情、资讯、指标等多角度设计而成。东方财富特色功能包括增仓排名、资金流向、机构内参、盈利预测、财务数据、高级选股等功能。此外,还针对人性化操作体验进行了全面优化,融合了云计算技术,是一款综合全面、性能强大的炒股软件。

除了手机炒股之外,保险、理财、基金,以及P2P(互联网金融点对点借贷平台)等新兴的互联网金融产品也可以通过手机进行投资管理。

41 如何在网络上查阅资料

信息资料的搜集，对提高老年人生活和工作质量至关重要。在网络上进行信息资料搜索，要善于掌握搜索引擎、搜索关键词选择和搜索技巧等三方面能力。

搜索引擎是信息资料的最重要的工具之一，目前国内主要的搜集引擎有百度、搜狗等。由于每个搜索引擎都有一定的局限性，可以把要搜索的关键词在多个搜索引擎试一下，可能会搜出意想不到的结果。不同的人所搜出来的结果差别很大，主要原因还在于搜索关键词选择和搜索技巧上的不同。

搜索关键词选择很关键，举例说明，假如要搜索可穿戴技术发展相关资料，如果在百度上搜索"可穿戴技术"，结果非常多，无法进行筛选。可以对关键词进一步界定，如"可穿戴设备""智能化可穿戴设备""中国可穿戴技术市场""可穿戴技术研发""可穿戴技术研发企业"等，需要不停地变换、修正搜索关键词，直到查到满意的搜索结果。

搜索技巧主要是指针对百度、搜狗等搜索引擎的一些高级搜索技巧，常用技巧有如下几方面。

（1）文件类型搜索：使用 filetype，如在百度或搜狗中键入"filetype：pdf"搜索出有关内容，而且这些文档基本都可直接下载，还可以变换为其他的如"filetype：doc""filetype：ppt""filetype：xls"等（注意其中的冒号为英文的冒号）。

（2）定位于某个网站上搜索：使用 site，如在百度或搜狗中键入"可穿戴技术 site：sina.com"，则在 http://sina.com（新浪网）中搜索有关可穿戴技术的一些信息资料，这是特别适用针对某些信息可能在哪些网站上出现的一个快速搜索方法（注意其中的冒号为英文的冒号）。

（3）精确匹配搜索：使用引号（""），如在百度中键入"可穿戴技术"，表示搜索"可穿戴技术"五个字必须连在一起的，如果不加引号，搜到的为"可穿戴"及"技术"两个词并列显示结果。

（4）限制性的网页搜索。使用intitle，如在百度键入"intitle：可穿戴技术"，限定于搜索标题中含有"可穿戴技术"网页，如果输入"intitle：可穿戴技术　市场规模"限定于搜索标题中含有"可穿戴技术"和"市场规模"的网页（注意其中的冒号为英文的冒号）。

常用的数据库有哪些

数据库是工作和生活中重要的数据来源之一。目前使用的数据库主要分为八大类，分别为商业数据库、学术数据库、免费数据库、共享文库、专业论坛、政府部门数据库、证券交易所数据库和其他数据库。

商业类数据库大多为金融投资所用，主要分为国内与国外数据库两大类。

（1）国内商业类数据库：主要有万德、恒生聚源、锐思数据库等。

（2）国外商业类数据库：主要有彭博、全球经济数据库CEIC等。

学术类数据库基本为高校、研究机构所用，也分为国内与国外两大类。学术类数据库中一些学术论文、行业数据、统计年鉴比较有用，缺点是无法做到实时更新。国内学术类数据库有中国知网、万方数据、中国国家图书馆、维普资讯中文期刊服务平台、国务院发展研究中心信息网、上海研发公共服务平台、中国经济网等。国外学术数据库有爱思唯尔（Elsevier）等。

国内共享文库包括：百度文库、豆丁文库、爱问共享、道客巴巴、智库文档等；国外的共享文库有Scribd、Docstoc等；专业论坛包括经管之家（原人大经济论坛）等；经济、学术型论坛有经济学家论坛等；政府部门数据库有国家统计局、国家知识产权局、中国证券监督管理委员会等；证券交易所有上海证券交易所、深圳证券交易所等。

其他数据库包括每个行业协会都有的网站，能够查找一些对本行业的描述、相关数据等；国内有网易、新浪、搜狐等博客网站，有些数据也可从中搜索找到；新浪微博及腾讯微博，用户量极大，有些数据可以通过搜索查询到；微信用户已经超过4亿，每个人都是新闻的发布者，其中数据资源丰富，但目前还未提供全文搜索功能，只能通过关注相关公共账号或关注朋友圈获取；有些企业或机构QQ（腾讯）空间会有些报告及数据发布。

43 有哪些适合老年人网络学习和娱乐的项目

老年人上网进行学习和娱乐的项目非常多，主要有阅读网上新闻、参与网上游戏、撰写博客文章、聆听网上有声读物以及图文创作等。

（1）看网上新闻：由中国社会科学院国情调查与大数据研究中心等发布的《中老年互联网生活研究报告》发现，中老年人的互联网应用集中于沟通交流、阅读新闻和知识信息。网上的新闻比报纸和电视更新、更快、更丰富，对于热心社会动态的老年人来说，学会上网相当于家里订阅了无数报刊，可以随意阅读、自由检索，遇到有价值或好看的文章，也可长久保留。国家大型新闻门户有新华网、人民网、中国网等，政府网站的后缀为".gov"，中国网站的后缀为".cn"；商业门户有网易、新浪等，商业网站的后缀为".com"；地方新闻门户有东方网、长江网等。此外，老年人能从网上找到电子版的教程，比如养花教程、健康科普知识、烹饪菜谱等。

（2）网上游戏：很多老人喜欢打牌、搓麻将。如果生活中找不到牌友，可以选择网上对战。老人也可以偶尔玩玩连连看、泡泡龙等小游戏，以防止大脑功能退化。适合老年人的网上游戏最好有这几个特点：画面好、操作不太复杂、反应不能要求太快、游戏时间比较灵活。

（3）博客与论坛：博客的正式名称为网络日记，是使用特定的软件，在网络上出版、发表个人文章和图片的自媒体，比较著名的有新浪博客等。现在写博客早已不是年轻人的专利，许多老年人也开通博客，记录每天的生活、心情感悟，写回忆录等，如果有了孙辈，还可以记录下孩子的成长历程。

（4）网上有声读物和电子书：随着智能设备、移动音频和互联网技术的迅猛发展，越来越多的老年人已经将听有声读物和阅读电子书变成了一种习惯。在很多老年读书爱好者看来，有声读物具有不受时间、地点、空间限制以及"想听就听"的特点，为阅读提供了更多便利。网上有声读物主要分为原创型和收集型，原创型有声读物网站有天方听书网、喜马拉雅等；收集型有声读物网站有酷听、听中国等。此外，还有评书相声类网站。

（5）图文创作分享：一些图文创作分享应用软件解决了微博、微信朋友圈只能上传9张图片的"痛点"，为喜欢绘画、摄影、表演等生活艺术创作者提供了"秀"生活和交流爱好的平台。比较流行的软件有美篇、抖音等。

小贴士

电子书（也称电纸书、e-book），一种是指将文字、图片、声音、影像等信息内容数字化的出版物，另一种是指植入或下载数字化内容的集存储和显示终端于一体的手持阅读器。

电子书与光盘图书不同，电子书是基于互联网购买的。购买者用电子银行卡付款后，即可下载并使用专用浏览器在计算机、其他可以添加阅读器应用的工具上离线阅读。不同于网上免费的线上阅读，电子书是与纸质书一样正式出版书籍，因此阅读它要支付一定的费用。

44 老年人接触网络有哪些好处

老年人接触网络，上网学习和娱乐，好处很多。

（1）广交了朋友：通过博客、电子邮箱、微信和QQ等，很多老人不但可联系到多年不见的同学、战友、同事，而且还可结识许多新朋友。

（2）增添了乐趣：上网本身就是一种乐趣，如果再玩一些好玩的游戏等，就更会趣味横生了。比如玩各种游戏、搓麻将、打牌、下棋等，都可在网上进行。坐在家里网上炒股、理财，也不用再到证券大厅或银行去挤位置了。可以极大地丰富晚年生活，有利于身心健康。

（3）开阔了眼界：老年人精神生活相对单调，他们渴望了解外界和与人沟通，而互联网正好提供了一个获取信息的窗口和在线交流的平台。通过网络可知国内外方方面面的消息，可查询各行各业的资讯。老年人虽然外出参加社会活动的机会减少了，但坐在家里上网照样能做到"秀才不出门，便知天下事"。

（4）调整了心态：网上各年龄段的人、各种情况的人都有，通过和网友进行政治思想、专业技术、生活常识、道德伦理等各方面的交流，都会对调整自己的心态有好处。比如和年轻人交流，自己本身的心态也觉得年轻了。

（5）促进了思维：人的各种组织器官都是用进废退，尤其是大脑，如果不用它，久而久之就会老化、退化，变得反应迟钝甚至痴呆。而上网会让老年人用大脑思考问题，减缓它的老化进程。

（6）锻炼了写作：通过写人、写事、写自己、写他人、写现在、写过去等，久而久之自己的写作能力就会从中得到提高。

45 长时间上网会对老年人的身体造成什么伤害

电脑屏幕的辐射可能导致各种眼科疾病的发生,长时间上网更易促发心脑血管疾病,还有关节酸痛、耳鸣头晕等症状,长时间憋尿,还会导致尿毒症。建议老年人上网学习、娱乐要有节制,应尽量避免刺激惊险的内容,玩网络游戏也要适度。

老年人可以上网看新闻和搜索自己需要的知识。但是,每次时间不要过长,其间可起来活动一下腿脚,休息一下眼睛。同时要注意心境平和,尽量看一些有意义的、使人心情舒畅的信息,对负面信息不要过于生气、激动,尤其有高血压和心脏病的老年患者要注意。应当把有规律的脑力活动和体力活动相结合,不要影响日常作息。

老人长时间地上网,大脑也长时间地处于"运作"状态,由此易产生头晕、眼花等症状,许多老年人患有高血压等心脑血管疾病,更容易出现这类症状。从健康的角度考虑,这些老年人连续上网的时间不能超过两个小时。

46 老年人如何避免"网瘾"

现在,电脑和智能手机进入老年人的生活,微信交流、微信支付、开公众号、做美篇、录视频、玩游戏不再是年轻人的专利。但越来越多的子女发现,就像当年上学时自己爱上网一样,父母也对电脑和手机产生依赖。

拿微信来说,老人通过私聊、群聊、分享图片或文章引起朋友的关注,即使小小的一个"点赞",也会使老人觉得很有成就感。不过,玩手机玩得时间长了,老人经常会感觉眼睛不适,肩膀、脖子也经常会痛。因此,老年人玩手机要控制时间。

老年人对手机也有依赖性。从心理上来说,主要是大多数老人的孩子工作忙,而老人自己能够自由支配的时间较多,自然能接触手机的机会也变多了。

老年人在退休后,身边能够接触到的人一下子减少,但从心理上,他们依然渴望"人际交流"。手机确实给老年人带来不少便利和乐趣,适度与手机相伴是件好事,但老年人玩手机要学会控制,切莫太过依赖。

医学专家指出,接诊时经常遇到玩手机出现健康问题的老年人。老年人的身体机能远不如年轻人,颈肩部位本来就积累了一定程度的劳损,经常玩手机则更会对肩、颈神经产生压迫,让人感觉头晕头疼、手麻手疼。长时间低头看手机会加重颈椎病,长时间盯着手机的小屏幕会导致视力下降甚至失明,缺乏睡眠会加重高血压,长期静坐容易导致血液黏稠、引发心脑血管意外等。

老年人玩手机最好间隔1小时就放松一段时间,可以抬头远望,让颈部放松;子女平时可以多抽时间陪伴父母;老年人要多走出家门去活动,通过休闲运动结识更多朋友,建立更多真实的社交圈子,以避免染上"网瘾"。

五、新社交平台

47 老年人何以迎接 5G 智能网络时代

什么是 5G 智能网络时代呢？"G"是英文"Generation"（代）的缩写，不难理解，5G 就是第五代移动通信技术。

回顾过往，第一代移动通信技术为模拟技术，仅能提供质量不怎么高的语音通话；第二代移动通信技术则实现了数字化语音通信，可以提供清晰的数字语音通话和极慢的数据传输业务；第三代移动通信技术是我们所熟知的 3G 技术，是以多媒体通信为特征，能同时提供语音和数据业务的通信系统；第四代移动通信技术是正在铺开的 4G 技术，其通信速率大大提高，可在线流畅观看 1K 高清视频节目；而第五代移动通信技术，则能够承载更多的设备连接，拥有更快的反应，能传输更大的流量。5G 除了包含 4G 网络的一切功能外，一个最主要的特点就是"万物互联"。如果说 3G 提升了速度，4G 改变生活，那么 5G 将"改变社会"；如果说 1G、2G 是短信，3G 是照片，4G 是图像，那么 5G 将是虚拟现实、"万物互联"。5G 不仅仅是带宽的提升，更是一次颠覆性的升级，使人类置身于一个智能、可互动的网络里，彻底改变社交与互动方式。

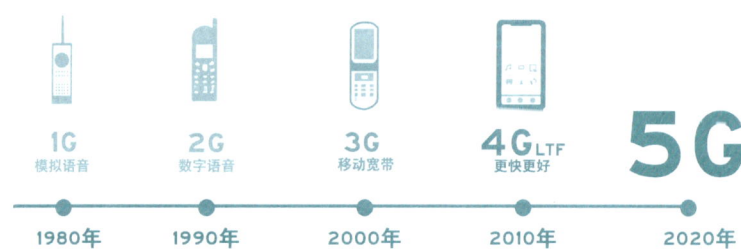

5G智能新时代让老年人"回归"社会主流生活。互联网与社交网络赋能，是寻找和发现网络社会的真实生活，即呈现互联网和社交网络对人们的赋能。社交网络缩小了代与代之间的信息鸿沟，赋予老年人权力和能力，是老年人获取信息的重要渠道。当老人退休、离开主流社会的时候，都会产生一些社会隔离感，而老年人在年轻人面前谈论的时候，试图给其他人展现的是他们与主流社会没有脱节。从信息的流通性上来讲，社交网络带给老年人的不仅仅是机会结构的改变，还包括他们对社会主流生活的再次"回归"。5G智能社交网络在虚拟空间上的缺场社交模式，既突破了老年人生理机能的限制，又让他们在朋友和亲人那里找到归属感，获得属于身体和归属感的双重赋能。

　　因此，老年人应以积极心态去迎接5G智能网络时代。让人兴奋的是5G智能技术的新功能，是现有网络无法实现的，其中包括传感系统改革、低成本发射器和基于云计算软件的"物联网"。5G智能技术不单单是网速的提升，更为重要的是强调"智能"或"智慧"，即从智能手机，到智能穿戴设备、无人机、智能网联汽车、智慧医疗等，所有设备都能够通过最低时延误和高宽带的5G紧密连接在一起。基于人类层面的5G将用于连接日常生活的智能服装、智能鞋、假体装置，甚至是健康监测设备。

> **小贴士**
> 　　5G智能技术可以帮助居家老人步入老年生活：监控他们的药物用量、帮助他们与远程医疗服务建立关系，即从睡眠到呼吸、从脉搏、血压到胰岛素水平，5G智能技术将追踪老人居家生活的方方面面。

48 老年人如何加入网络社交平台

在古代，由于交通的不便利，信息的不对称性，普通人的社交方式通常是在节日或者约定好的日子去集会，在购买平日生活物资的同时进行社交活动。那时候的人们将赶集作为一件重大的事情来处理，其中很大的一个原因是赶集除了买卖以外，还是一项大型的社交活动。

由于社会进步和互联网发展，人们从面对面的交流转变为通过网络交流，虽然社交场景有所改变，人们依旧是进行着聚会交流、传播消息。但是所交流信息发生了很大的变化，人们的交流从家长里短变成了兴趣的集合分享。

互联网平台因为其特殊性，人们很容易找到朋友，可以跨越很远的地域来获得朋友。同时，因为信息的传播迅速、传播面广阔等优势，带来包括网络社交圈，例如微信朋友圈、微博之类的平台，同时这些社交圈的主页也给人们带来一个自我展示的地方。2012年之后，国内的移动网络开始飞速发展，众多的厂商开始注重移动端的网络社交，如微博、微信、手机QQ等各类平台兴起。其中大部分在基础的交友功能之外，添加了观看视频、新闻媒体等娱乐性的功能，极大地加深了用户的黏合性。

人们使用的网络基本分为六大类，分别为网络购物、网络社交、在线媒体、网上工作和学习、生活服务以及网络游戏。老年群体因为年龄的关系，生活中并不会长时间接触到互联网，他们在网络中的需求更多是与实际的生活有所重叠的，老年人喜欢在网络上观看新闻资讯，查看养生健康知识等。由此可以看出,不同的年龄段、不同的职业所带来的生活方式、生活背景的不同,将会影响到人们对互联网的需求。

老年人如何防范在网络社交平台泄露个人信息

有媒体报道,中国有近80%的网民手机号遭到泄露,且有50%以上的网民因此而受到诸如垃圾短信、电话诈骗、电话吸费等影响。你是否惊讶怎么会经常接到推销电话呢?这些人从哪里获得你的基本信息?进入信息"泛滥"的时代,只要不经意一个动作就可能泄露信息了。互联网时代,老年人应该如何在网络社交平台防范信息泄露呢?

(1) 网上聊天互动不经意"出卖"朋友或被朋友"出卖"。虽然网友在微博使用昵称,但不排除在评论互动中各自直呼其名,这便无意中泄露了个人的真实信息。例如在QQ空间写日志或发布照片,在朋友评论或者转发中出现一些诸如姓名、职务、单位等信息。

(2) 社交平台QQ邮箱不经意"出卖"自己。如今,在各种论坛和社交网络中,都需要填写个人资料才能进行聊天互动。例如,很多网友会把QQ邮箱作为首选的注册邮箱使用,而经常出现在各大论坛、社区的回复帖中。通常QQ邮箱直接显示QQ号码,不法分子继而可以从QQ资料、空间等渠道获得个人信息。

(3) 各类网购、虚拟社区、社交网络账户存在危机。电商平台为人们购物带来方便的同时,也蕴藏危机。因此，不要在网络上随便填写自己的真实信息，可以编写一些固定资料在网上使用，最低限度曝光自己真实身份。

（4）街边"问卷调查"、促销、抽奖活动暗藏隐患。人们有时候会碰到商家邀请参加"调查问卷表"、购物抽奖活动或者申请免费邮寄资料、会员卡活动，一般会被要求填写详细联系方式和家庭住址等，然而这很容易把自己的信息泄露。

（5）报名、复印资料信息易遭窃。各类考试报名、参加老年大学等，经常要登记个人信息。甚至一些打字店、复印店利用工作便利，会将客户信息资料存档留底，然后转手卖掉。

（6）身份证复印件滥用。银行开户、手机入网，甚至办理会员卡、超市兑换积分都要提供身份证。提供复印件时，一定要写明"仅供某某单位做某某用，他用无效"。此外要关注复印过程，多余的复印件要销毁。

（7）网上"个性化服务"也容易泄露隐私。很多个性化服务都需要个人信息。不少商家与社交网站合作，通过无线网络确定用户位置，从而推送商品或服务。

网络社交平台隐藏哪些危机

近年来，随着互联网的高速发展，各种社交网络、移动支付平台蓬勃兴起,大大方便了人们的沟通交流和社会生活。在日常购物消费中,越来越多的用户为了方便快捷,更是直接选择使用扫二维码付款。但与此同时,各种各样的诈骗手段层出不穷、无孔不入,让人防不胜防。一些不法分子将目标瞄准了微信用户,针对微信用户的诈骗手段也是花样百出。

（1）点赞诈骗：利用朋友圈或"门店"张贴的广告求点赞或转发广告,作为微信营销的新手段促销措施,其中集"赞"赢美食等的活动最为常见。更有甚者,冒充商家发布"点赞有奖"信息,要求参与者将姓名、电话等个人资料发至微信平台,这样就轻而易举地套取了用户足够的个人信息,为其进一步诈骗做好了铺垫。因此遇到微信点赞广告一定要谨慎,不要轻信,更不要输入自己的姓名、联系电话等个人信息,以防号码被盗取从而被诈骗。

（2）盗刷微信绑定的银行卡：盗取微信账号并登录,从受害人微信绑定的银行卡或信用卡中提出现金,因此要保护好自己的银行卡、身份证信息。不法分子一旦掌握用户的银行卡号和身份证号,就可以用新的微信号绑定银行卡进行盗窃。因此,一旦发现微信突然自动退出或无法登录,要小心银行卡的钱通过微信支付被盗。

（3）虚假客服诈骗：不法分子主要通过网上作案,以使用微信且对网上银行操作不熟的中老年人为主要侵害对象。在百度等网站上提供虚假的微信客服网址,发布虚假微信客服电话等,待被害人信以为真拨打该电话后,便冒充客服人员诱骗被害人在银行自动取款机上按其要求操作银行卡,在被害人不知情的情况下将银行卡内钱款转账骗走。因此,在使用微信购物过程中如果遇到问题,不要轻信网上搜索的客服电话,一定要通过电商官方网站等正规途径仔细求证；涉及要求取款和输入密码操作的要求,更要慎之又慎。

（4）红包藏"毒"诈骗：目前,利

用微信发布红包在微信朋友圈内十分盛行,常见的微信红包诈骗主要有两种。第一种是此前曾曝光的微信 AA(各自付钱)红包诈骗,不法分子利用文字游戏把"AA 付款"伪装成"AA 红包",利用部分用户对微信 AA 收款功能不熟悉,诱导转账。第二种则是将"红包大盗"手机木马伪装成微信红包,窃取手机用户的银行卡号等信息。它设计的页面跟微信钱包十分相似,点击后界面会提示输入一个密码,输入后会出现一个"恭喜你成功领取红包××元",不知情的人会真的以为领取到了红包,其实在不知不觉中,用户银行卡内的余额可能已经被盗走。因此,对于需扫码、点击链接、输入个人信息或陌生人发的红包都要谨慎对待。

51 老年人如何熟悉网络流行语

网络流行语是对语言构成和语言表达方式的丰富,同时也是对传统语言的挑战。关于网络流行语和传统语言的关系,有人认为相较于传统语言,网络流行语更短小、灵活、便捷,语气上也更诙谐、活泼、幽默。

网络流行语简单来说就是在网络上流行的语言,是网民们独特的表达方式。网络流行语概念可以界定为:一定时段内主要在网络领域被网民自发使用的、最活跃的、具有发酵功能和特殊意义的,并往往对社会现实产生影响的语言符号。

概括来说,网络流行语的基本类型包括:谐音代替型、旧词新意

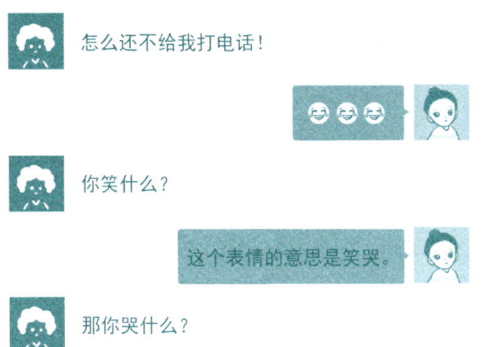

型、符号图画型、英汉缩略型、新造词语型、外语和汉语混杂型以及社会热点中产生的词语。

（1）谐音代替型：指通过对一些数字和汉语发音的不同解读，赋予这些表达新的含义，主要有数字谐音、汉语谐音、混合谐音三种表现形式。其中，在汉语谐音中包含普通话谐音、方言谐音。比如"灰常"等同于"非常"，"杯具"等同于"悲剧"，分别是方言谐音和普通话谐音的具体运用。这类网络流行语的存在对青少年的语言学习具有很大的影响。而数字谐音和混合谐音则在很多情况下是为了在网络上更便捷地进行交流而出现的，比如数字谐音"885"代表"帮帮我"。混合谐音从概念来讲，是以汉语、英语和数字的重新排列来表达不同的意思。比如"加U"表示"加油"，"3Q"表示"谢谢"。

（2）符号图画型：主要是指由特殊符号组成的，利用符号的外形直观地表达网民意思的流行语。这类网络流行语可以算是最早的一种，如"：D"表示笑，"：("表示难过。

（3）旧词新意型：主要指将原词语放在某种特定的语境下，给予其新的指代意义。这类网络流行语对网民来说运用起来是约定俗成的。比如"灌水"表示在论坛发表文章或发帖特别多的行为，"潜水"表示只看别人聊天而自己不说话的行为,这类网络流行语也是年轻人在聊天中比较偏爱的。

(4) 英汉缩略型:主要包括汉语缩略词和英语缩略词两种类型。汉语缩略词即保留汉语拼音的首字母,比如"RMB"表示"人民币";而英语缩略词则是英语短语或短句中省略字母的英文词语,或是利用个别单词语音相似来进行简化。比如"BTW"代表"By the way"("顺便说一句"的意思),"How are u"中的"u"代表"you",意思是"你好吗"。

(5) 外语和汉语混杂型:指将汉语和英语结合起来用以表达自己观点的词语。这种新颖组合在年轻人当中很受青睐。比如"今天玩得挺high"(形容很高兴),"你长得好Q"("cute"的缩写,形容很可爱)。

(6) 新造词语型:指原来词汇系统中没有的词语。这类词语往往是随着社会的发展和新事物的产生而出现的,是直观表现社会发展的一面镜子。比如"吃瓜群众"表示不关己事、不发表意见、仅围观的普通网民。

(7) 社会热点中产生的词语:指源于公众对社会现象的关注而产生的网络流行语,大部分都是以单独的句子出现的,字面意思容易理解。比如2014年亚洲太平洋经济合作组织(APEC)会议期间的"APEC蓝",形容当时北京的空气质量良好。

> **小贴士**
>
> 网络流行语折射当今社会的政治、经济、文化状态,表征社会大众尤其是年轻人的自我意识和思想动态。网络流行语虽不规范,但老年人熟悉一些网络流行语,对弥补传统语言的不足、把握社会现实和年轻人心态,也有一定的意义。

微信视频聊天和语音聊天有什么区别

微信是一个为智能终端提供即时通信服务的免费应用程序。微信支持跨通信运营商、跨操作系统平台通过网络快速发送免费（需消耗少量网络流量）语音短信、视频、图片和文字。同时，也可以使用社交插件"摇一摇""漂流瓶""朋友圈"等服务插件。

微信语音聊天和视频聊天的区别是，语音聊天就跟打电话一样，只可以通过声音聊天，是无法看到对方的；而视频聊天不仅可以通过声音去聊天，还能在微信界面看到彼此。

微信还可以开语音会议、视频会议，即多人通话。

（1）首先打开微信群，然后点击任何一个群。

（2）进入群中之后，点击输入框，然后点击右下方"语音通话"。

（3）点击"语音通话"并不会马上开始语音通话，需要先选择邀请多少位朋友一起来多人语音聊天，点击左边的复选框选中群里成员。

（4）点击"完成"会通知参与成员加入多人通话，然后静静等待朋友的加入。

（5）被邀请的朋友收到来电，可以选择接听或者挂断。

网络聊天工具有哪些

网络聊天（Instant Messaging，即时通信或实时传讯）的缩写是IM，因此聊天工具又称IM软件或者IM工具，是指提供基于互联网的客户端进行实时语音、文字传输的工具。

从技术上讲，主要分为基于服务器的IM工具软件和基于P2P（个人对个人）技术的IM工具软件。大部分的即时通信服务提供了状态信息的特性——显示联络人名单，联络人是否在线及能否与联络人交谈。

人们常用的聊天工具除了微信、QQ之外，还有Skype、网易泡泡等。大部分聊天功能与QQ类似，但也有一些特有的功能：有的支持用户自选图片作为头像；有的有"常用短语"的服务，提供了许多聊天妙语；有的可对每个联系人设置选择性隐身，右键单击联系人即可设置。

54　微信发语音是否比打电话更方便

目前，微信发语音方便、省钱，但相比打电话有以下几个缺点，导致它现阶段不可能取代电话。

第一，知道对方电话号码就可

以直接拨通，而微信必须要申请好友，等他同意才行。在日常生活工作中，我们经常会给陌生人或者并不熟悉的人打电话，因此，从全方位考虑，微信语音不可能完全取代电话。

第二，微信语音需要网络支撑，用户的手机设备必须要有流量或 Wi-Fi，如果是 Wi-Fi 环境下，那么必须要信号稳定。如果所在的地方信号并不是很好，数据服务达不到要求的时候，正常打电话通话却是满足的。这种情况下，微信语音也不可能取代电话。

第三，有时通话对象不方便微信发语音，或者有些老年人没有微信，只能打电话联系。如关系密切、单次通话时间长、数据稳定且流量够或者有 Wi-Fi，以微信语音较好。如关系一般或者陌生人，只是几分钟通话，没有数据流量，或者信号不好，或者没有 Wi-Fi，还是打电话较好。

55　老年人用什么汉字输入法更方便

老年人使用汉字输入的方法较多。如果老年人普通话说得好，也懂汉语拼音，学习拼音输入法较为方便，因为不用死记硬背。但输入拼音后还得找字，老年人反应较慢，打字总快不了。

如果老年人普通话说得不好，还是学五笔输入法为好。建议购买一本五笔字型速查手册，先学学手册内容，再开始练打手册中的字和词组；先打前20页，边练边记住键盘字根表（每个字打10遍）。当20页从头至尾打过3遍后，就会发现打字已有大大的进步。

手写输入法是用书写的方式向电脑或手机中输入文字，符合中国人习惯，也容易上手。如今，使用手写板写字输入文字，已为很多初次接触电脑或手机的老年人所接受，而且手写识别技术也越来越强大。

此外，还有语音输入法，如讯飞语音输入法、搜狗语音输入法是为智能手机、平板电脑用户开发的具有自主知识产权的手机输入法软件。语音输入法极大地方便了用户手机输入的使用，提高了输入的效率。

> **小贴士**
>
> 语音输入是电脑将操作者的讲话识别成汉字的输入方法（又称声控输入）。它是目前世界上最简便、最易用的输入法，只要你说话，它就能输入。语音输入是一类功能齐全、界面友好、易学易用、可以快速方便地进行语音输入的软件。除普通话输入外，目前推出的还有各地方言语音输入，如支持上海话、粤语等方言输入，以及英语等外语输入。